本丛书得到韬奋基金会资金资助
“十一五”国家重点图书出版规划项目

叶至善

书林守望丛书

叶至善序跋集

叶至善 著　叶小沫 编

首都师范大学出版社

图书在版编目(CIP)数据

叶至善序跋集 / 叶至善著，叶小沫编．—北京：首都师范大学出版社，2009.9

(书林守望丛书 / 吴道弘主编)

ISBN 978-7-81119-532-3

Ⅰ.叶… Ⅱ.①叶… ②叶… Ⅲ.序跋-作品集-中国-当代 Ⅳ.I267

中国版本图书馆 CIP 数据核字(2009)第 125443 号

书林守望丛书

YE ZHISHAN XUBA JI

叶至善序跋集

叶至善 著 叶小沫 编

项目统筹：张 巍
责任编辑：张 巍　　责任设计：张 朋
责任校对：王亚利　　责任印制：沈 露

首都师范大学出版社出版发行
地 址 北京西三环北路 105 号
邮 编 100048
电 话 68418523(总编室) 68982468(发行部)
网 址 www.cnupn.com.cn
北京嘉实印刷有限公司印刷
全国新华书店发行
版 次 2009 年 9 月第 1 版
印 次 2009 年 9 月第 1 次印刷
开 本 787mm×1 092mm 1/16
印 张 15
字 数 215 千
定 价 33.00 元

做文化的守望者

——《书林守望丛书》总序

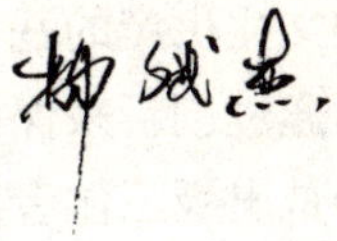

文化是每一个民族赖以生存的根基和灵魂，而出版事业和出版物，是民族文化的结晶，是民族精神的物质承载者，是衡量一个国家和民族文明程度的重要标志。从事这项伟大事业的出版人，不仅是出版活动的实践者，而且是人类文化创造、积累、交流、传播的组织者和参与者，是文化产品的生产者、民族精神的护卫者和时代精神的弘扬者。任何时代，治书修史者都肩负着神圣的历史责任、文化责任、社会责任，在我国，这种传统一直延续了几千年。但是，目前受名利诱导和网络快餐文化的影响，出版界跟风炒作、追求市场效应一夜成名而不顾文化品位等现象时有耳闻。在种种浮躁的背后，反映出来的是出版从业者文化品格的缺失。唯其如此，为繁荣学术和民族文化而坚守文化天职、恪守社会责任的职业精神和文化追求，尤其值得在出版界大力弘扬。

出版人是文化薪火的传承者，具有坚守文化自信的历史责任。众所周知，出版是人类文明薪火相传的重要依托，一个国家民族科学文化的传播和传承，有赖于它的出版事业。中华文明之所以历经五千年而一脉不绝，就在于中国历代政治家、著作家、出版家、藏书家接续几千年文明发展进程中形成的尊崇历史、珍惜古籍、编修文献、善待图书、重视典藏的优良传统，他们将中华文化的精髓融入历代出版物之中，一代一代地传之后世，肩负起了将一个时代的科学文化及思想智慧真实地记录下来、传承下去的历史责任，使中华民族的文化根基与时俱丰、愈加巩固。作为新时期文化创新和文化传播的主体，当代出版工作者更加需要继承传统、关注时代，一方面自觉承担起对民族文化传统的保存、整理、批判、传承的责任，保持中华文化的统一性、延续性；另一方面推动文化创新和发展，弘扬和培育符合时代要求的民族精神，在增强民族的凝聚力、创造力以及同世界其他文明进行对话的文化自信力方面作出贡献，使中华民族独立于世界民族之林的文化根基更加坚韧。

出版人是文化创新的推动者，具有坚守文化本性的特殊责任。作为一种文化生产的基本业态，出版既有产业的属性，又有意识形态的属性，必须通过创新来保持文化的独特品质和内容的先进性。从这个意义上说，创新是出版工作者的不竭动力和显著特征，不仅是文化积累和产品制造的组织者，而且也是文化内容的选择者和把关者，当然应当是新知识领域的开拓者和新成果的发现者、催生者。一方面，知识的保存、生产和应用，文化和技术的传承、生产和原创，都是以出版活动为基础的。历史上重要的思想创新、科学发现和技术进步主要是通过出版物得以传承和发展的。另一方面，从造纸术、印刷术到当代激光照排系统、计算机王码汉字处理系统以及数字技术的应用，出版人率先将新成果引进出版业，引发出版形式和内容的不断创新。在文化传播过程中，出版人通过传承优秀民族文化、吸收外国文化精华、把握时代需要，促进着社会文化的不断进步。而现代出版史上鲁迅发现大批文学青年、叶圣陶对巴金处女作的慧眼识珠、巴金对曹禺作品的琢璞为玉的佳话，也反映了出版人所必备的发现新人新作的创新品质。在当前的创新型时代、创新型国家建设的过程中，人民群众的伟大创造，已然成为文化创新取之不尽、用之不竭的源泉，迫切需要出版工作者发现、认识、扶持、推广，进而铺垫中华民族元气深厚的文化创新的阶石，培育中华民族根深叶茂、神韵独具的文化创新的活力。

出版人是时代思潮的引领者，具有坚守文化领土与文化阵地的社会责任。出版的本质不仅在于积累文化、创造新知，不断推出更优秀的文明成果，而且还在于按照一定的价值目标对社会现实文化作出评价，通过选择、把关实现对社会风气、学术思潮、文化倾向的引导。古代中国知识分子正是借助“竹帛长存”所构成的社会认知体系和社会规范体系，才唤起了“见贤而思齐”的文化自觉和道德自律。“五四”时期以《新青年》为中心凝聚的一大批知识青年的出版传播活动，将“科学”与“民主”汇聚成了思想解放的伟大潮流。在当今政治多极化、经济全球化、文化多元化、新技术日新月异的国际背景下，在经济社会急剧转型、社会文化事业和文化产业发展不平衡的国内背景下，承担着建构社会主义和谐社会及传播先进文化的神圣使命的出版工作者，其选择、把关进而引导大众的责任更加重大，需要通过对精神生产加以规划与组织，对精神产品进行鉴别与加工，对文化遗产作出选择和整理，对社会信息予以筛选和传递，打造传承主流文化和主流价值观的精品力作，不断巩固主流文化阵地。这就要求当代出版工作者必须深深植根于中国特色社会主义伟大实践，敏锐把握时代变革的风气之先，不随波逐流，不跟风炒作，不断提高辨别真善美和引导大众文化、传播主流文化和主流价值观的能力，致力于弘扬民族精神和时代精神，为中国的改革开放和现代化建设事业提供有力的思想保证、精神动力和智力支持。

历史已经证明，出版业作为文化传承和文化创新的核心，如果没有文化理想和文化追求，便失去了发展的根基。而出版工作者的文化价值取向、人文素养、文化责任、文化运作能力和学术品评能力，又直接影响到出版物的文化含量。从这个意义上说，对于文化的坚守，不仅是一种出版理念，也是一项出版实践。在竞争日益激烈的世界文化市场中，能否坚持文化本位，能否坚守文化责任，对新时期的出版从业者来说，无疑是一种严峻的考验。《书林守望丛书》的问世，为我们提供了一部关于新中国出版人的精神文化启示录。其中反映出的经过沉淀而彰显的文化品格，尤其应该成为新时期出版工作者的精神支柱。这套丛书的作者，是一群深深地钟情于出版事业的文化守望者，他们在“书荒”时代辛勤耕耘，在“书海”时代坚持方向，恪守文化的尊严，组织、规划、策划、编辑、出版过一大批反映时代精神、民族精神及具有学术价值、文化品位的标志性工程，主持、主编过一大批科学、人文、经济、教育等方面为广大读者喜闻乐见的知识读物，为全社会提供优秀的精神食粮作出过重要贡献。在他们身上体现出来的勇于开拓、后启来者的创新精神和坚守精神家园、淡泊名利的文化风骨，堪称典范。希望通过这套丛书的出版，使新时期的出版工作者形成一种更加清醒的文化自觉，在文化与产业协调发展的道路上走得更加坚定，产生更多让世界为之惊喜的拥有自主知识产权的民族文化品牌，再现中华民族宏大的文化气魄。

当前，出版业的发展同政治、经济、社会、文化的发展一样，要在世界范围内的大对话、大交流、大竞争、大角逐中，把握机遇，迎接挑战，创造新的辉煌，需要一大批具有真才实学且能开阔视野、崇尚科学、追求真理、尊重创造、包容多样的新型复合型出版人才，来担当中国特色社会主义文化建设的推动者。《书林守望丛书》汇集的新中国成立六十年来成长起来的十几位出版家在长期为人作嫁的职业生涯中的思想火花、书坛掌故，集中反映了新时期出版工作者的精神风貌，不仅抓住了时代的新变化，也深刻把握了出版职业的新要求。这套丛书的作者，或者长于出版规划，或者长于鉴赏加工，或者长于经营管理，但都有将丰富的实践经验升华为理论的深沉思考。将这些经过实践检验的理论总结汇集起来，转化为鲜活的历史智慧和生命依托，对于未来的新型出版人才，无疑具有深远的精神哺育作用。我希望这套丛书的出版，能够吸引更多才华横溢、富有创造力的新军投身我们的出版事业，使中国出版人的文化守望薪火相传，为推动社会主义文化大发展大繁荣建功立业。

2009 年 7 月

目 录

001…**代前言**——《叶圣陶序跋集》编后琐记

第一辑　写给自己的书

003…《花萼》自序

004…《三叶》自序

005…《日月星辰》序

006…《花萼与三叶》重印后记

008…《海外奇游记》序言

011…《未必佳集》自序

013…多馀的话

——《梦魇》后记

021…《诗人的心》写者自白

——我为什么要写《诗人的心》

024…跟同道们谈心

——《竖鸡蛋和别的故事》后记

032…《古诗词新唱》前言

035…《古诗词新唱》校后琐记(录 36 则)

045…《我是编辑》题解

047…《我是编辑》跋

048…《科普杂拌儿》后记

050…《父亲的希望》自序

052…《舒适的旧梦》自序
054…《父亲长长的一生》序

第二辑　写给父亲的书

059…《叶圣陶散文甲集》编后琐记
061…编父亲的散文集
064…《中国现代作家选集(叶圣陶)》编后絮语
067…《文心》重版后记
070…《文章例话》重版后记
071…《叶圣陶散文乙集》编后琐记
074…重印《开明国文讲义》后记
076…《在上海的三年》的按语
077…是作家，又是教师
——《叶圣陶作品选》前言
079…《叶圣陶读本》前言
083…《旅印日记》的按语
085…《文话七十二讲》后记
087…《叶圣陶答教师的 100 封信》前言
089…《中小学学生作文评改举例》前言
092…《鲁翁诗抄》跋
094…《一九七六年日记》的按语
095…珍藏本《教育小说》序
097…《叶圣陶作品精选》序言
103…《稻草人》重印后记
105…父亲的二十四篇童话
——《叶圣陶童话故事集》编者说明
116…为了纪念
——《叶圣陶短篇小说集》前言
122…《学生阅读经典——叶圣陶》序言
125…《涸辙旧简——叶圣陶贾祖璋京闽通信集》前言
134…《老开明国文课本》序

136…《叶圣陶集》编后总记
139…《叶圣陶集》两个版本的说明
143…第二版《叶圣陶集》分卷编后记

第三辑 写给别人的书

167…《少年化学实验手册》重版前言
169…《玄武门之变》重版后记
171…《没有完的赛跑》后记
174…《十年》重印后记
177…名城·窗口·奇遇
——《外国名城巡览》序言
180…《父母受尊敬的秘诀》序
182…《慈父·良师·益友》序
184…《国内外中小学生获奖作文选评》序
186…《中国历史故事集》序
188…我不曾想到
——《未完成的沙漠畅想》序
190…写在《伊伊童话集》前头
191…《二十世纪前期中国语文教育论集》序
194…《“星座奖”科幻小说获奖作品集》序
196…《编辑出版家叶圣陶》代序
——给作者的一封信
199…《学龄前儿童的十万个为什么》前言
201…《英才荟萃》序
203…《绞刑架下的报告》前言
206…《爱的教育》七十年
209…《迟叔昌科普作品集》序
——惆怅的往事
212…《贾祖璋全集》序

217…**编父亲的序跋集**(叶小沫)

代前言——《叶圣陶序跋集》* 编后琐记

收集整理父亲的散文，其中序、跋、前言、后记之类很不少，于是决定把这些文章汇集在一起，编成这本《序跋集》。我们知道有些读者特别爱读这样的书，因为由此可以增长许多有关书籍的见识。某书是怎么写成或编成的？怎么出版的？内容是什么？它有什么特点？应该怎样阅读它？作者或编者是怎样的人？诸如此类，从专收序跋的书中就可以得到解答。还有一种情形。有些书出版已久，印数很少，流传不广，已经极其罕见了，却从专收序跋的书中得知了那些书，而且感到了兴趣，引起了欲望，就竭力搜访，务必一读为快：这也是爱好读书的人惯常的事。此外，阅读某一作者撰写的所有序跋，可以了解他的见解、主张、兴趣、爱好以及交游；这是知人论人重要的凭借。所以，有些读者爱读专收序跋的书。

我们编辑父亲的《序跋集》分为四辑：第一辑是为他自己的书写的；第二辑是为别人的书写的；第三辑是为几种刊物写的发刊辞；第四辑是几篇题记——这几篇题记主要是回忆往事，与某些序跋性质相似，或许有人喜欢读，因此也收在这里。各辑都按写作年月的先后编排。

这本《序跋集》并没有把父亲写的这类文章全部包罗。序、跋、前言、后记分散在各种书刊里，很不容易找，现在找不到的只好待找到了补入。还有几篇虽然找到了，可是父亲认为那几篇只是勉强拼凑了一些别人的

---

* 叶圣陶：《叶圣陶序跋集》，北京，三联书店，一九八三年。

话，没有一点儿自己的见地，吩咐我们不要收入。我们只好遵从父亲的意思办。

编完之后再看几遍，发现了一个有趣的现象，序跋之类的文章父亲写了不少，可是在一段时期内，就是从五十年代到七十年代这三十年间，为别人的书写的，一篇也没有；为自己的书写的，也仅仅是简单的说明。这个现象反映了出版界的风气的转变。确然有一大段时期，出书不讲究撰写必要的序跋；甚至重印解放以前的书，把原有的序跋都抽去了，剥剩一个光身子。近来又似乎过分重视序跋了，不管什么书，都得穿戴齐全了才让它出场跟读者相见。如果研究起出版史来，序跋的变迁倒也可以作为一个题目。

一九八三年二月六日

第一辑

写给自己的书

本辑所收文章源自：

《花萼》（叶至善等著，文光书店一九四三年版）；

《三叶》（叶至善等著，文光书店一九四九年版）；

《日月星辰》（叶至善、叶至美编译，开明书店一九五〇年版）；

《花萼与三叶》（叶至善等著，三联书店一九八三年版）；

《海外奇游记》（〔清〕李汝珍原著，叶至善改写，中国少年儿童出版社一九八三年版）；

《未必佳集》（叶至善等著，三联书店一九八四年版）；

《梦魇》（叶至善等著，中国青年出版社一九八五年版）；

《诗人的心》（叶至善写，中国少年儿童出版社一九八六年版）；

《竖鸡蛋和别的故事》（叶至善著，少年儿童出版社一九八八年版）；

《古诗词新唱》（叶至善编配，开明出版社一九九八年增订本）；

《我是编辑》（叶至善著，中国少年儿童出版社一九九八年版）；

《科普杂拌儿》（叶至善著，湖南教育出版社一九九九年版）；

《父亲的希望》（叶至善著，中国青年出版社二〇〇〇年版）；

《舒适的旧梦》（叶至善著，山东画报出版社二〇〇〇年版）；

《父亲长长的一生》（叶至善写，江苏教育出版社二〇〇四年版）。

《花萼》自序

今年一年间，我们兄弟三个对于写作练习非常热心。这因为父亲肯给我们修改。我们在旁边看他修改是一种愉快。

吃罢晚饭，碗筷收拾过了，植物油灯移到了桌子的中央。父亲戴起老花眼镜，坐下来改我们的文章。我们各据桌子的一边，眼睛盯住了父亲手里的笔尖儿，你一句，我一句，互相指摘，争辩。有时候，让父亲指出可笑的谬误，我们就尽情地笑了起来。每改罢一段，父亲朗诵一遍，看语气是否顺适，我们就跟着他默诵。我们的原稿好像从乡间采回来的野花，蓬蓬松松的一大把，经过了父亲的选剔跟修剪，插在瓶子里才还像个样儿。

我们的原稿写得非常潦草，经父亲一改，圈掉的圈掉，添上的添上，连我们自己都不容易念下去。母亲可有这一份耐性，她替我们整理，誊写，像收拾我们脱下来的衣衫一样。誊写好了，少数投到杂志社去，多数收藏起来。

最近有几位父执从杂志上看到我们的文章，怂恿我们说："你们兄弟三个何妨合起来出一本集子。"我们想，我们写这些文章，原为练习，合将起来，岂不成了作文本儿？我们又想，学校里同学间欢喜调看作文本儿，或者有人想看看我们的。就把存稿编排一下，请父亲复看一遍，剔去若干篇，成为这本集子。

父亲替这本集子题了个名字，叫做"花萼"。

三十一年(一九四二年)岁尽日，至善。

《三叶》自序

“花萼”辑成的时候，我们就有个愿望，把以后的习作，按着年份，每年选辑成一个集子，作为我们练习写作的纪程碑，一方面也借此鼓励自己。谁知道事实并没有所想的那么如意。我们的文字愈写愈少了，写成的又很难教自己满意。因此，直到满了两年才选成这个集子。

这两年来，我们觉得文字愈写愈难了。动笔之前，煞费心思，总想把他写得好些，这也就是写得少的缘故。父亲说，想写得好些，正是我们进步的动力，时常不满意自己所写的，也证明我们确实有些儿进步了。我们真个有些儿进步了吗？父亲的话也许是为了疼爱我们，才给我们这个鼓励。可是，尽管我们这样的惶恐，这些文字总是我们花了一番心力的成绩，因此仍旧选辑成这个集子。正像我们手摘的花草，总舍不得随手抛弃，不免捡出几枝来，插成一瓶，并且希望旁人看一眼我们这一瓶野花。

怀着这样的心理，我们就把这个集子原稿先请朱佩弦先生看一遍，却博得朱先生着实称赞了一番。我们很知道，朱先生的称赞，和他在我们父母亲面前赞叹我们的长成，是同样的意味。而我们也正和听到他当着父母亲的面称赞我们，有同样的高兴。

这个集子叫做“三叶”，表明是姓叶的兄弟三个的集子，并没有其他的意义。

三十四年(一九四五年)元旦，叶至善

《日月星辰》序

至善先生喜欢天文又擅长编辑，妹妹至美擅长翻译，于是二人合作出版了这本有关天文学的科普读物。

天文学是最古老的一种科学。两千多年来，人们把它研究得越来越广博，因此到了现在，必须用很多的书来讲它。好些书都非专家不能了解。但是，在这门广博的学问里，也有好些是普通人都会感到兴趣的。这本书里谈的就是这一部分。当然啰，书是没法跟人对谈的。不过希望你读着这本书的时候，好像在电话机中，听一个熟朋友在谈话。而不是在收音机面前，听一个完全陌生的人的广播演讲。

这本书只说到极少数的不同的天体：其中最重要的是太阳。数目最多的是星；成千的星，把夜空点缀得多么有生气——要是用了倍数很大的望远镜，还可以多看到千百万颗以上。还有跟我们地球最相像的八大行星，其中的五个——水星、金星、火星、木星和土星，在地位凑巧的时候，我们用眼睛都可以看到它们。还有地球的近邻——月亮，它是夜晚最亮的东西。因此在开头的时候，我们就把它作为题材。

一九五零年，叶至善

《花萼与三叶》重印后记

我们三个自称为“作文本儿”的《花萼》和《三叶》，原先由文光书店出版，那是解放以前的事。现在三联书店打算把这两本习作集合在一起重印，要我在后面写几句话，因为两本集子原先的“自序”都是我写的。

在《花萼》的“自序”里，我记下了当时我们三个围着桌子看父亲改我们的习作的情形。说是看父亲改，实际是商量着共同改。父亲一边看我们的习作一边问：这儿多了些什么？这儿少了些什么？能不能换一个比较恰当的词儿？把词儿调动一下，把句式改变一下，是不是稍好些？……遇到他看不明白的地方，还要问我们原本是怎么想的？究竟想清楚了没有？为什么表达不出来？怎样才能把要说的意思说明白？……多么严格的考试呀，同时也是生动活泼的训练，要求我们笔下写出来的，能毫不走样地表达自己的所感所思。

我们三个都乐意参加这样的训练，因而几乎每个星期要交一篇习作给父亲。写什么由自己定，父亲从不出题目。父亲一向主张即使是练习，也应该写自己的话，表达自己的真情实感。我们照父亲的主张做去，觉得可写的东西确实很多，用不着胡编，也用不着硬套。只要多多感受多多思索，生活中到处都是可写的东西，而且写出来决不会雷同；幼稚自然难免，但是多少总有点儿新意。我们的习作所以能赚得宋先生和朱先生的喜欢，原因大概就在这儿。

朱先生和宋先生先后过世了，我们将永远纪念他们，感激他们。在序言中，他们出于爱护和鼓励，把我们的习作夸奖得过了分。宋先生只指出了一点，说我们的“头脑太冷静”；朱先生几乎没有说一句批评的话。

我认为宋先生的批评的确说中了我的弱点；而朱先生说我们“没有那玩世不恭、满不在乎习气”，我看了却十分惭愧，因为我自己觉得那几篇习作中颇有点儿那种坏习气。朱先生特地插进这么一句，是不是寓批评于表扬呢？我看很可能。不管怎么说吧，对于这两个缺点，我一定得时时警惕，主要还不在于作文而在于做人。

《花萼》收集的是一九四二年我们三个的习作，当时曾想每年选编一本，作为我们练习写作的纪程，可是没有如愿，到一九四四年底才编成第二本习作集《三叶》。这是因为我们三个的生活和工作都有变动，不能再聚在一起跟着父亲修改习作了。一直过了三十几年，最近四年间，我们三个才互相鼓励，重新练习写作，有些短的习作还要请父亲过目。可惜父亲的视力越来越衰退，戴了老花镜，加上放大镜，在40瓦的日光灯直射下还看不清写在一般稿纸上的钢笔字。我们只好用粗铅笔把字写得核桃大让父亲看，还得尽可能把习作写得短一点儿，免得父亲过分劳累。今年我们三个的年龄加起来恰好是一百八十岁，还能在父亲跟前练习写作，一定使许多年轻朋友感到羡慕。其实父亲教给我们的主要是两条守则：一条是写的时候要写自己的话，一条是写完之后要自己用心改。我们愿意把自以为受到好处的这两条守则，贡献给愿意学习写作的年轻朋友们。

《花萼与三叶》书影

一九八二年十一月四日

《海外奇游记》序言

在这篇序言里，我要向少年读者们说明六件事儿。

第一件：我不是这本书的作者，这本书里的故事是从《镜花缘》中摘出来的，我只不过用现代的口语把故事重写了一遍罢了。《镜花缘》的作者是李汝珍，他在一百五十年以前写下了这部小说，有五六十万字，分成一百回；其中的第八回到第四十回，主要说的唐敖、林之洋、多九公三个漂洋过海去游历的故事。我重写的就是这一段故事，所以另外起了个书名，叫《海外奇游记》。

第二件：这段故事说唐敖他们在海外游历了许许多多国家，有的风俗习惯跟中国大不相同，有的连体格相貌也长得奇形怪状。这些国家在地图上自然是找不着的，大多出于作者的想象。我在做孩子的时候，作者想象出来的这许多国家，如君子国(看本书第四章)两面国(看本书第十四章)等等，就给了我很大的乐趣。我先是在儿童刊物上读到片段的故事，后来知道这些故事出在《镜花缘》上，就把《镜花缘》找来读。五十多年来，我读了不知多少遍，可是从来没有把这部小说读完过。说老实话，小说中讲到的某些专门知识，我一点儿也不懂；许多章回虽然能懂，却感到异常沉闷。我先是把这些地方跳过去，只拣能懂的有趣的来读，读到后来还是读不下去，把书撂下了事。可是很奇怪，只有从第八回到第四十回——唐敖他们在海外游历这一大段，我越读越有滋味，几乎每读一遍会引起一些新的联想，得到许多新的欢快。所以我愿意把这段故事重写一遍，介绍给我的读者——喜欢新奇又喜欢思索的少年朋友们。

我要说的第三件是这许多有趣的国家虽然出于想象，却反映了作者那个时代的实际生活。君子国的人为了互相谦让而争论不休，显然是为了批评市场上那种唯利是图互相欺骗的习气。两面国的人有一明一暗两副面孔，显然是为了暴露社会上那些见什么人给什么脸色的市侩。至于女儿国(看本书第十九章到第二十二章)，只是把男子和妇女的处境对调了一下，让人们知道妇女在那个时候所受的痛苦。此外如不学无术而自高自大的白民国的教师(看本书第十二章)，满口“之乎者也”假充斯文的淑士国的酒保(看本书第十三章)，也都是根据实际生活中的人物，用夸张的手法创造出来的。作者写这许多国家，这许多人物，或者赞颂，或者讥讽，原来都有他的目的：他要赞颂他所向往的事物，讥讽他所厌恶的事物；他要从正反两个方面来表现他所理想的美好的社会。为了说明小说中写的不是实事，作者借“镜花水月”这句成语，取了个书名叫《镜花缘》。镜子里的花是花的影子，要是没有花，镜子里怎么会有花呢？水池里的月亮是月亮的影子，要是没有月亮，水池里怎么会有月亮呢？可见即使是幻想，也不是无所依傍的，也离不开现实的事物。

紧接着说第四件。作者不是现代人，他生活在一百五十年以前，生活在封建社会里。他从小读封建主义的书，而且读得很认真。所以他设想的美好的社会，是一个没有一点儿缺点的封建社会。他的设想是无论如何实现不了的，封建社会就不可能十全十美。作者看到的都是一些表面的东西，从这一点上说，倒跟镜子反映花、水池反映月亮一个样儿；封建社会的最最根本的缺点——不合理的人剥削人的制度，他一点儿没觉察到。举两个例子来说吧，作者创造了一个无肠国，狠狠地挖苦了那些对待仆人特别刻薄的主人(看本书第六章)。不用说，在他的理想的社会中，主人对待仆人应当很宽厚。宽厚固然比刻薄好，但是主人还是主人，仆人还是仆人，地位仍旧是不平等的，仆人的命运仍旧掌握在主人的手里。这样不平等的社会，在咱们看来当然说不上什么美好。作者还创造了一个女儿国，他让男子和妇女调了个个儿，要男子尝一尝妇女在当时那个社会里受到的痛苦(看本书第二十章)。他认为妇女的痛苦是什么呢？是缠小脚，是穿耳朵孔。缠小脚穿耳朵孔固然是很痛苦的，这样的坏风气应当反对，但是把这些都反对掉了，妇女的地位就能跟男子完全一个样儿吗？作者是主张男女平等的，在封建社会里能有这样的想法的确不容易，但是他看不清男女的不平等主要表现在什么地方。至于男女为什么不平等？这个问题他大概没有想过。因而对如何消灭不平等的问题，他就想得太简单了。但是咱们不能责备作者，他要是生活在咱们这个时代，他也会明白的，要改变这些不合理的现象，首先得消灭人剥削人的制度。作者是个博学的人，是个聪明的人，但是对于社会的认识，他可比不上咱们少年朋友中的任何一位。

第五件，我想说一说读这本书的方法。在前面我说过，作者写这许多国家，这许多人物，或者赞颂，或者讥讽，都有他的目的，所以咱们要一边读一边想，首先要辨明作者到底是在赞颂呢还是在讥讽。正话反说，是作者常用的手法，不小心往往会弄错；如果看清楚了，就会忍不住哈哈大笑。把作者在赞颂什么、讥讽什么分辨清楚了，还得想一想：他赞颂的是不是咱们应该赞同的？他讥讽的是不是咱们应该批判的？不要以为写在书上的话一定是对的，对不对要靠咱们自己来分辨。作者也主张读书要独立思考，他把这个主张让黑齿国的两个黑姑娘表达出来了(看本书第八章第九章)。我在前面举了书中的几个例子，简略地说了说我的看法，这些看法当然就是我经过思考得到的结果。我说得对不对，也得请读者自己分辨，不要盲目相信。读书不加思考，不会得到任何好处；而读书的趣味，也就在于一边读一边思考。我喜欢《镜花缘》，因为它能引起我思考，使我得到欢快；当然，我指的是其中的第八回到第四十回。

少年朋友读完了这本《海外奇游记》，很可能还不满足，跟我小时候那样，想把《镜花缘》找来读一读。能找来读一读当然很好，这部小说是用口语写的，是一百五十年前的口语，跟现在的相差不大，语言是不难懂的。可是作者是个博学的人，精通许多门旧学问；他把他的学问都穿插在故事里，成了读者的绊脚石。我可以估计得到：你们开头看觉得沉闷；看到第八回以后就来劲儿了，可是中间还有不少绊脚石，只好跳过去；看到第四十一回就会碰上一块非常大的绊脚石，简直像一座山；硬着头皮跳过去再看，看到五十回以后，大概不得不半途而废了。你们看过之后，就会相信我的话，这部小说最好看的是第八回到第四十回；而且还会发现，在这三十三回中，还有一些有趣的故事我没有写下来。为什么我把这些故事舍弃了呢？这个问题请读者考虑吧，我不想作说明了。这是我要说的第六件事儿，说到这儿为止。

一九八二年十二月十八日

《未必佳集》自序

这是我们三个的第三本习作选集，以“未必佳”作为集子的名称是我出的主意。

我们的前两本习作选集——《花萼》和《三叶》，是抗日战争后期，我们三个在父亲跟前练习写作的成绩。当时，父亲的几位朋友怂恿我们把习作编成集子，宋云彬先生和朱自清先生愿意给我们的选集写序文，还有文光书店愿意接受出版，都因为我们是在父亲的指点下练习写作的缘故。

现在仍然由于这个缘故，三联书店建议把《花萼》和《三叶》合在一起重新出版。我于是把两本集子整理了一遍，写了《重印后记》。在这篇“后记”中我附带说到，抗日战争以后，“我们三个的生活和工作都有变动，不能再聚在一起跟着父亲修改习作了。一直过了三十几年，最近四年间，我们三个才互相鼓励，重新练习写作，有些短的习作还要请父亲过目。”没想到这几句话引起了三联书店编辑同志的兴趣，他们建议把我们三个四年来的习作也编成一本选集。我们想这样也好，可以让看过前两本选集的师友和同志们看看，我们过了将近

《未必佳集》书影

四十年有没有些儿长进，于是同意了。这就是这本《未必佳集》的由来。

“未必佳”出于《世说新语》。孔融十岁时候能说会道，受到司隶校尉李膺和他的宾客们的一致称赞，只有太中大夫陈韪说了一句：“小时了了，大未必佳。”孔融的嘴真厉害，马上回他一句：“想君小时，必当了了。”说得陈韪目瞪口呆。《世说新语》把这个故事归在《言语》类内。我年轻时看了这则故事也佩服孔融的敏捷，可是觉得陈韪的话没有错：一则“未必佳”并非“必不佳”，所以孔融的逆向推理是犯了逻辑的错误；二则呢，任何人在小时候都受过长者的称赞，要是因此而自以为了不起，那就肯定会把自己的一生葬送掉。所以我宁愿记住陈韪的话，何况我“小时”实在并不“了了”。

我想：用“未必佳”作为这本集子的名称，可以提醒我们三个永远不要自满，而且不限于在写作这一个方面。我把这个意思向至美至诚说了，他们都同意。

一九八三年四月十六日

多馀的话
——《梦魇》后记

用短篇小说的形式介绍科学家，在我是一种尝试，我好像闯进了一个陌生的领域，感受很新鲜，到处都有乐趣。现在集子已经编成，送给画家插图去了，正好趁这发稿前的空当，把我感受到的择要记下几笔，附在正文后边。这样做也许完全是多馀的。读者诸君要是还有馀兴读下去，我的满足真个无法用文字来形容了。

我曾经写过几位科学家的小传，还在五十年代“向科学进军”的当口，都是杂志社和出版社的约稿。我遵命一一按时交卷了，自己却很不满意：三五千字一篇，姓名籍贯，生卒年月，学历职位，等等等等，什么都得挂上一笔，像个流水账，又像个履历表，读者得耐着性子才能往下看。尤其乏味的是材料都是现成的，我只能变着法子抄袭。为了解嘲，我给自己取了个笔名叫“任逸云”。怎样才能摆脱这种“人云亦云”的困境呢？我考查了好几位科学家，他们在一生中都碰到过一些很关键的问题，逼迫他们不得不自己作出抉择。抓住这样的时刻，探索他们的内心活动，或许能把他们的精神境界表现得稍稍丰满一些，读者看了或许能留下一点儿粗略的印象。至于写出来会成个什么样子，那时并未理会。抓住某一特定时刻来表现人物的思想感情，大概近乎短篇小说，形式总是由内容来决定的嘛。

写法有了，题目也想了十来个，当时却没动笔。那是五十年代后期，原因大家都知道，不必再去讲它了。等到写第一篇《梦魇》，跟设想的当初已经相隔二十来年了。时间的流逝，我倒不十分惋惜。探索人物的内心世界需要阅历，而阅历的增长总得付出时间作为代价，何况中间还有个史无前例的十年呐。如果没有这段阅历，我对那几位科学家的理解一定还要浅薄得多，写出来的东西跟读者诸君现在看到的相比，一定还要差一大截。

第一篇《梦魇》，写达尔文得知华莱士将要先于他发表进化论之后的思想波动。人物没有一个是虚构的，而且都找着了照片；连背景——达尔文的乡间住宅和他的书房，也找着了照片；故事的梗概是从达尔文的日记、书信和著作中摘录归纳出来的；还根据达尔文的传记给他列了一张年表。我是这样想的：既然写的真人真事，材料当然越多越好，事事都有依据，才有可能写得像那么回事儿。这样拘泥于材料，会不会使我的本来就很贫乏的想象力受到束缚呢？——我踌躇过。从实践的结果看，束缚确乎有的，可是有些材料也给想象提供了依据。在那张书房的照片上，可以看到壁炉上方挂着一面大镜子。达尔文那时正在研究人和动物的表情，在他后来写成的那本书里，有些段落很可能就是他那时自己的面部表情的记录。因而推想在那段时间里，对着镜子观察自己可能成了他的习惯。在小说中，这面镜子成了重要道具，正好借它来反映达尔文当时的心情。如果没看到那张照片，没读到那本书，要我凭空想象，无论如何也想不到应该把一面大镜子挂在达尔文的书房里。

写第二篇《夕照》，情形正好相反，许多材料没弄到手。人物只有四个，拉马克、卢梭、居维叶三个的照片是容易找的，拉马克的女儿柯尼莉亚的，却至今没找着。这也难怪，她不是什么知名人物，可是在《夕照》里，她也是一位主角哩。拉马克的故居大概早已不存在了，有材料说，他和居维叶两个的实验室都保存得好好的，一个简陋，一个豪华，恰好遥遥相对。要是在小说中添上几笔描写，该多有意思呵，可是没找着照片；还有伟人祠前的卢梭雕像，也没找着照片。能去巴黎看一看就什么都解决了。这哪儿能呢？为了介绍某一位科学家而作一次出国旅行，这样的事儿还没听说过。没有直观的材料，写起来只好凭空想象，可是又不敢任意驰骋。像柯尼莉亚这样一位主角，也不敢写她的相貌和身材，说不定哪一天发现了她的照片，跟我写的截然不同，岂不糟了。这样的事儿在后来写巴斯德的时候还真碰上了。开头把他的夫人写成一位身材苗条、举止轻盈的美人儿，后来看到照片，原来她个儿不高，身子结实，透露出另一种稳重质朴的内在的美。对她的描写都只好推翻重来，或者干脆删掉。

但是缺乏材料也有好处，那就是给想象留下了较多的馀地。拉马克的传记找着了好几种，都着重于介绍他在生物学上的功绩，以及他跟同时代人在学术方面的论争。至于他的生平，几种传记都语焉不详：他当过兵，得过勋章，复员后学过医，后来当银行职员，爱好音乐和绘画；由于卢梭的鼓励和引荐，他开始从事生物学的研究；他工作孜孜不倦，却得不到他的顶头上司居维叶的赏识；日子过得很拮据，他全不计较，只沉湎于著作；晚年眼睛瞎了，只有女儿柯尼莉亚在他身边当他的助手，照料他的生活；在完成了《无脊椎动物志》那一部巨著之后，他就死了。材料就这样简单，《夕照》中写的拉马克父女在稿子完成之后的喜悦，拉马克对卢梭的回忆，柯尼莉亚把稿子交给居维叶的情景，以及最后拉马克之死，全都是虚构的，而虚构的凭借就是那些简单的材料；至于是否合乎情理，只有请读者诸君评判了。如果将来能找到具体细致的记载，这篇《夕照》恐怕得重新写过。

第三篇《诀别》，虚构的成分就更多了。为了便于抒发感情，小说借用了商人安东尼奥的口吻。这个安东尼奥，在布鲁诺的任何一篇传记中都是找不着的，布鲁诺根本没有这样一位朋友。连一些重要的情节，如布鲁诺为什么不得不离开巴黎，在伦敦，他怎样激怒了社会名流，也都是虚构的。可是我得声明，除了安东尼奥，所有的虚构都多少有点儿影子。举例说吧，布鲁诺确实写过一个讽刺教廷的剧本，题目叫《方舟》；《论无限的宇宙和无数的世界》这本小册子，确实是他在伦敦写成的，采用对话的形式，就为了答复名流学者的责难；他最后回到意大利，确实是接受了威尼斯的当权者让瓦尼·美第奇的邀请，而且确实在勃伦纳山口经过。至于山口的那家小旅店，安东尼奥在那儿跟布鲁诺相遇，当然又都是虚构的了。

关于布鲁诺的一生，我以前只知道这么一些：他逃出了修道院，在意大利无法存身，去国外流浪了多少年，到处受到罗马教廷的特务盯梢监视，后来受骗回国，在宗教裁判所里受尽折磨，最后被烧死在鲜花广场上，临死之前，喊出了“烧死不等于驳倒”那句名言。五十年代，我也“人云亦云”地写过他的小传。对当时的布鲁诺来说，回意大利就是自投罗网，他怎么会糊涂到如此地步呢？在异域流浪了这许多年，乡愁与日俱增，是可以理会的，此外有没有别的什么原因呢？跟他的对宇宙模式的设想，有没有点儿关联呢？为了寻找答案，我请卞德培同志帮忙找点儿材料，感谢他代我借到了一本苏联出版的小册子，上面有布鲁诺的小传。我不懂俄文，布鲁诺的画像是认得的；在画像后面的几页上，有他在宗教裁判所受刑的图，在鲜花广场被烧死的图；还有一幅雕像——立在鲜花广场上的他的雕像，一幅地图——记下了他一生的足迹，并且标明了他到达各个城市的年月。就是这张地图，引起了我极大的兴趣，原来他在巴黎停留得比较久，而且到过伦敦，这些都是我以前不知道的。好在这篇小传只有十来面，我立刻让妹妹至美译了出来。原来在法国，他受到了法王亨利三世的邀请和款待，有自由讲学的方便；后来不知为什么在巴黎耽不下去了，亨利三世派人护送他到伦敦，让他住在使馆里，还要大使把他介绍给英国的名流。这样看来，布鲁诺在国外过的不都是凄凄惶惶的日子，把他写得像一位被特务追踪的做秘密工作的革命家，显然不符合事实。我又查了一下欧洲的历史，知道那时离马丁·路德发动宗教改革已经半个来世纪，除了意大利、西班牙和东欧，欧洲的其他地区大部分不受罗马教廷节制，国王、贵族、商人和教廷之间还矛盾重重，因而可以相信小传的记载是确凿的；只可惜也像记流水账，缺乏具体的描写，连那个讽刺剧《方舟》也没有附上三五句情节摘要。尽管这篇小传写得如此简略，还是使我看到了布鲁诺的开朗诙谐的一面，而在我原先的印象中，他似乎生来就是一位面目枯槁的“殉道者”。

还有一件事儿非常重要，我读了这篇小传才知道，布鲁诺甘愿冒着生命危险回意大利，是受了小美第奇的那封邀请书的蛊惑。这个情节使我引起了许多联想，我想布鲁诺踏进国门的时刻，他一定抑制不住对故乡的怀念，一定会回想起年轻时候逃出国境的情况，回想起十四年来在国外漂泊的经过，一定要反复考虑小美第奇邀请他是出于哪种动机，而正在等待他的究竟是什么样的命运。真是个关键的时刻呀，写布鲁诺，就应该抓住他经过勃伦纳山口的那个时刻。可是总不能让他一个人唱独角戏呀，只好捏造一个安东尼奥来陪伴他。至于勃伦纳山口的景色，只好根据阿尔卑斯山的地图和照片以及那时的季节来设想了。最有意思的是那个鲜花广场，我一向以为在某一座大教堂的前面，问了几位到过罗马的朋友，都说没去过。后来让妹妹至美带了张罗马地图，去请教她的工作单位的意大利专家，才知道鲜花广场是一个不很大的集市，称作“花市”更为合适；广场上的布鲁诺雕像又算不上艺术品，所以旅游者如果不提出要求，是不会被带到那儿去的。感谢那位意大利朋友，他还用红铅笔在地图上把鲜花广场圈了个圈儿。我恍然大悟，封建统治者处决犯人，总要选个热闹的场所，前清的时候，北京的法场不就在繁华的菜市口吗？中外都一样，都为的造成更大的恐怖，吓唬更多的老百姓。

就在写布鲁诺的时候，我下狠心翻了一遍《圣经》，我想寻找罗马教廷反对“日心说”的根据。可能我太粗疏，从《创世记》直找到《启示录》，讲“地心说”的话竟一句没找着，连可以牵强附会的也没找着。于是我想，在《圣经》成书的那个年代，收集这些民间传说的无名作家似乎用不着、而且不可能考虑大地是否在运行，这个课题跟他们不相干，他们更不会想到在这个课题上，预先为后世镇压“异端”留下什么口实。罗马教廷凭空指摘“日心说”背离《圣经》倒是很可能的，因为这样做可以更有效地吓唬老百姓；反正老百姓大多一字不识，怎么说他们就只好怎么信。由此又想到哥白尼：《天体运行论》被罗马教廷查禁，是在哥白尼逝世七十多年之后，布鲁诺也早已被烧死了；记得有一位历史学家说过：在这之前——在罗马教廷把“日心说”看作洪水猛兽之前，宗教一向把科学当作自己的“顺从的婢女”，从来没想到她也会有造反的一天。这样说来，哥白尼生前似乎不大可能料想到他的著作会遭到非难，因为世界上还没有发生过类似的先例。他迟迟不发表他的《天体运行论》，也许只为了反复测量反复计算，不惮其烦地对他的结论进行核对和修正。他说他花了“将近四个九年的时间”，而不直截了当地说“三十四五年”，因为“九年”是个典故：曾经有一位诗人劝他的急性子的同道说，写完一部作品，得等上九年才可以发表，也就是说，得花上九年的功夫去斟酌推敲。从哥白尼为什么这样说，可以推想他要不是感到自己已经十分衰弱，不能再在夜间爬到高高的围墙上去观测星空，很可能把《天体运行论》的发表再推迟一个九年，甚至两个九年。

话越扯越远，还是拉回来说第四篇——写巴斯德的《祈求》吧。这一篇虚构的成分极少，人物、背景、主要情节，都是有据可查的。一位来我国作学术访问的法国倪娃尔小姐接受我的嘱托，回国后热心地为我寻找巴斯德和居里夫人的生活照片，还为我向巴斯德研究院要来了几本精美的画册。从这些照片和画册上，我看到了巴斯德一生的科学活动，看到了他生活和工作过的地方；还认识了巴斯德的夫人，她是她丈夫的义务助手和当然护士；认识了小约瑟夫，他是世界上第一个接受狂犬病疫苗注射的英雄。这许多来自巴黎的直观材料，给我这个拘泥于真实的人提供了可以放心的依据。我衷心感谢这位倪娃尔小姐，衷心感谢巴斯德研究院。我认为我得到的是法国人民的友谊和支持，并对他们的待人接物的诚恳态度感到钦佩。

我读过两本巴斯德的文学传记，有一本说为了募款筹建巴斯德研究院，巴黎的艺术家举行义演；音乐家古诺参加了，特地为巴斯德指挥演唱自己改编的《圣母颂》。我把这一段情节作为《祈求》的结尾，还在小说的开头揣摩了他们夫妇俩作晚祷时候的心情。这样安排想来不至于受到指摘吧。跟其他各篇放在一起看：拉马克和达尔文，都是向上帝创造物种的谬论挑战的勇士；布鲁诺更不必说，他是宗教的叛徒；在第五篇《权利》中，还有一位崇实脱俗的居里的爸爸。总不至于因为这一篇中有些段落写到了巴斯德夫妇的信仰，就说我以写科学家为名，行宣传宗教之实吧。而且在西方，信教的科学家恐怕占多数，我所以写巴斯德决不是看中了他的信仰，而是由于他为人类作出了一连串的不可磨灭的功绩。从研究酒石酸结晶开始，到最后研究狂犬病疫苗，相距何止十万八千里，巴斯德闯进了一个领域，又闯进一个领域，无往而不胜，足迹又清晰可见，真教我向往不已。如果让他多活个五年十年，那该多好哇。我相信他在晚年，自己一定这样祈求过。

为了写这篇《祈求》，我查阅了好几本讲狂犬病的医学书，看了两篇描写狂犬病人如何痛苦的小说。我想既然写科学家，就得尽最大的可能弄清楚他的见解，他所研究的课题的来龙去脉，他取得成功所走过的道路。写作家，得读他的作品；写画家，得看他的画；写音乐家，得听他的曲子；写科学家当然也不例外。就说达尔文吧，如果不知道生物进化这个课题已经跟他的生命融合成了一体，就很难揣想华莱士的那封信会给他多么大的打击。至于要不要把自己弄清楚的都写下来告诉读者，倒不一定，得看有没有这个必要。在写拉马克的《夕照》中，只提了提他在无脊椎动物分类方面的建树，提了提他的见解跟居维叶的主要不同在哪儿，我认为在那篇小说中，这样简单地交代一下就足够了。后来写居里夫人，我特意打听了从沥青铀矿中提炼镭的化学反应，因为知道四十年代初的美国电影《居里夫人传》中的有关描写不符合科学的真实，可是我没把打听到的硬塞进小说中去，就因为无此必要。在这篇《祈求》中，巴斯德对防治狂犬病的研究是非交代不可的，不交代就没法让读者诸君理解他为什么犹豫了两年之久，才迈出这跨进成功大门的最后一步。至于讲对了没有，讲明白了没有，这要看我的理解水平和表达水平了；这两者我都不敢自信，我只能说在这上头，我的确是花了功夫的。

第五篇《权利》是写居里夫人的，却把居里的爸爸写成了最主要的角色。这倒不是故意弄花巧。因为一则，直接写居里夫人当时的所感所思，不如写最关心她的人对她的观察和揣摩，更接近读者诸君的心理；二则，这位退休老医生的确使人感动，他对儿媳妇的事业——可能他认为其中一半是他儿子没做完的——关心支持，真可以说无微不至，在他孙女儿写的《居里夫人传》中留下了星星点点的记载。居里夫人有一位好公公，拉马克有一位好女儿，巴斯德有一位好夫人，何止他们，好些科学家所以得到成功，几乎都少不了家属作他们的后盾。可是在科学家的传记中，往往都要写到出身才出现父亲，写到婚姻才出现夫人。我读到的几本拉马克的传记就是这样，只在写到他贫病而死的时候才出现他的女儿柯尼莉亚，还不肯多花几笔交代一下这位老姑娘的结局，真够教人挂肚牵肠的。在《夕照》中请柯尼莉亚当主角，在《权利》中请老居里当主角，在我颇有点儿反其道而行之的意味。可是在《权利》中，情节也是虚构的居多。譬如结尾讲居里夫人第一次上讲台，日期和地点都是确凿的，阿佩尔院长的介绍词这样简单，居里夫人一开口就讲课，也都有据可查；至于阶梯教室设了旁听席，老居里参加了旁听，全是想当然的虚构。我所以一再这样声明，是怕有的老实人以为我写的都实有其事，把小说中的情节不加区别地写进了科学家的传记中去，那就会以讹传讹，一发而不可收拾，而我，岂不成了个始作俑者。

还有一件事儿得说明一下，就是这本集子为什么要附带署上我儿子和女儿的名字。近几年我越来越忙，可供写作的时间越来越少，于是想了个法子，让儿子女儿帮我收集和查阅材料，如果可能的话，帮我写个初稿。女儿小沫在报社工作，抽不出整段的时间，只好做些繁琐的事务性的工作；儿子三午是个长病号，时间倒是富裕的，除了《诀别》，另外四篇他都写了初稿，有的还写了不止一遍。署上他们的名字，一则不抹杀他们的劳动，二则当然是鼓励的意思。对虚构的掌握，三午比我宽得多，争论是经常发生的，而且常常在饭桌上。父亲听着感兴趣，有时也插一两句，还要我把稿子改定了先让他看一遍。前三篇稿子都让父亲看了，许多用词造句不妥帖的地方，父亲都给指了出来，我一一作了改正。看了《梦魇》，父亲指出对达尔文的心理分析还不到家，我按照父亲说的作了修改和补充，恐怕没能把他的想法如实地全盘表达出来。看了《诀别》，父亲嫌布鲁诺阐述自己的见解的那几段太啰嗦，我也知道啰嗦，可总想借布鲁诺的嘴来说一说偏见往往出于无知，所以没加删改。《祈求》的稿子是念给父亲听的，因为他的视力越来越坏了。父亲没说别的，只说题目不太好，可能因为宗教味浓了点儿吧。我是想改的，可惜直到现在还没想到一个合适的题目。《权利》没再念给父亲听，我不能让他为我这种没甚要紧的文字再多花心力了。

然而父亲并没有忘记这件事儿。听说我在编集子，他关切地问我："就只五篇吗？太单薄了。"是太单薄了。这样单薄的一本集子，怎么能跟读者见面？可是有什么办法呢？回想一九八〇年八月，第一篇《梦魇》发表在《雨花》上，庄似旭同志看到了，问我打算一连写几篇。我回答说："第一步先写十篇。"他答应等我写满了十篇，给我出一本集子。可是等了四年，我才完成五篇。本来打算写两三篇介绍我国古代科学家的，不但定了人物，连一些情节都想好了。譬如写僧一行，开头打算写他回到方丈，返身掩上大门，一切纷扰都被他排在大门外头了；写张衡，最后打算写有人求他的墨宝，他挥笔写下了他的新作《四愁诗》，诗传了出去，竟有人风言风语地说他偌大年纪还要作非非之想。这些段落看来可以成立，有点儿文学意味，可是离成篇还差得远哩，收集材料，探索人物的内心世界，还得花许多功夫，许多时间。我的时间实在太紧，心思又不能专一，因而在中国青年出版社的发稿计划上，这本集子已经连续出现了三年。庄似旭同志只好迁就现实，说五篇就五篇吧，将来写的可以作为补编。我听了这话如获特赦，连忙把已经有的五篇从头到尾再修改一遍，在纷至沓来的无数头绪中，总算暂时放下了这一头一绪。将来是否再写，得看将来了，我不敢再作任何允诺。

废话说起来总没有个完，就此打住吧。让读者诸君又白费了许多时间，真个抱歉之至，感激之至。

一九八五年一月

《诗人的心》写者自白

——我为什么要写《诗人的心》

《诗人的心》本来是《开明少年》月刊的一个栏目。一九四五年四五月间，父亲和我筹备《开明少年》创刊，商量在这一份刊物上，应该让少年们读到些什么。当时定了好些栏目，如《望望世界》，讲国际时事；《任何人的科学》，讲科技常识；《时间前进吧》，讲人类在各方面如何取得进步；《人怎样变成巨人》，讲那些有益于人民的人的成长过程，如此等等。文学方面的栏目有《书的缩影》，介绍古今中外的中篇小说和长篇小说；还有《诗人的心》，介绍古今中外的诗，当然包括我国古代的词。

把介绍诗的这一栏叫做《诗人的心》，我们是有用意的。我们不相信光靠词藻和技巧能写出什么好诗来。一首好诗，一定是诗人的感情的真实的流露，他对生活的感受实在太深刻了，因而不得不用精粹的语言把他的感受表达出来。所以我们想，把好诗介绍给少年们，除了注释和讲解，还得引导他们，跟他们一同揣摩诗人的思想感情，揣摩诗人的心。这样做才能使他们的鉴赏能力和精神境界都有所提高。《开明少年》出刊了七十来期，给少年们介绍的诗，包括词在内，不到三十首。好诗固然不少，适合给少年们念的却不太容易找；要讲得能让他们理解，而且有兴趣作细致的揣摩，那就更不容易了。所以到后来，《诗人的心》就无以为继了。

没想到过了三十多年，我重新拣起了《诗人的心》这个栏目，又向少年们介绍起诗来，可是缩小了范围，只介绍我国的新诗。我曾经向几种少年报刊的编辑同志建议过，请他们不要只顾介绍旧诗旧词，也要适当介绍“五四”以来的新诗，因为新诗反映了我国的新民主主义革命时代和社会主义建设时代，反映了在这一段伟大的历史时期中，我国人民的生活、斗争、思想、感情，这些都是现代的少年应该了解的，应该领会的。从培养五爱精神来说，从开拓思想境界来说，让少年们读些新诗也一定大有好处。编辑同志都说我的想法很好，一定照我说的去做。可是半年过去了，一年过去了，在他们编的报刊上还不见介绍新诗的文章出现。我等不及了，发了愿心自己来开个头，于是一连写了几篇，寄给了《中学生》和《中学生阅读》。使我欣慰的是两种月刊都给发表了，介绍新诗的文章总算在少年报刊上争得了一点儿阵地，据说读者和教师都还欢迎。我的本意是“抛砖引玉”，希望有更多的同志来给少年们介绍新诗，并且希望各种少年报刊除了介绍旧诗旧词，也经常介绍新诗。

上世纪八十年代初，中国少年报社邀请叶至善先生给报社的编辑们讲讲怎么为孩子办报纸。会议开始之前，摄影记者张志刚抓住了至善先生思考的瞬间，拍下这张照片。

一年多来，我已经给少年们介绍了三十多首新诗。所谓“介绍”，主要是把我揣摩到的，告诉给少年们；到底揣摩得对不对，我不敢自信。我不过作个样子，希望能引起少年们自己揣摩的兴趣。现在从我写的介绍文章中选出三十篇，编成这本集子，书名就叫《诗人的心》，还是提倡的意思，还是“抛砖引玉”。

我给少年们介绍新诗，总是选他们容易理解的，会感到兴趣的，读了能得到点儿好处的；此外还有一条，就是总起来看，涉及的生活面尽可能广一点儿。符合这几条的我就选；因而没能体现新诗发展的历史，也不管什么流派，不管作者是否有名。至于诗人的简历，我一般不作介绍，如果跟所介绍的诗有非常密切的关系，我才提上几笔。三十篇介绍文章，大致按新诗发表的先后排列；只能说“大致”，要精确就得经过考证，这是我无法做到的。

一九八四年十月

附《校后记》

看了一遍校样，又作了少许修改。这三十篇短文，我自己看了少则七八遍，多则十来遍，每看一遍都或多或少作些修改。对少年读者，我不敢怠慢；对所选的新诗的作者，我也不敢怠慢。但是即使再改若干遍，也不可能有多大起色；理解能力只能达到这样的水平，是无法勉强的。希望这本小册子印出来之后，少年读者给我多提意见；少年们的老师和家长如果认为我这样做还有点儿意义，也给我多提意见。我更希望这些新诗的作者给我提意见，指出我的谬误。遗憾的是作者之中大约有十位已经成为古人了。他们为新诗开拓局面，冲锋陷阵，我们可不要忘记了他们的功绩。

一九八五年七月二十日

跟同道们谈心

——《竖鸡蛋和别的故事》后记

这本科普文集——应该说是自选集吧，我拿起又放下，折腾了将近三个年头，现在总算可以交稿了。所以搞那么久，由于能让我自己支配的时间实在太少。得空坐定下来，我得先写别人给出的题目，先看别人让看的稿件。自己的文集嘛，又都是旧作，往后靠吧，反正是不急之务。这样一拖再拖，直拖到墙上的挂历又换了一本新的——一九八六年一月。

选编这本文集是我自己的主意。给孩子们写科普文章，我打从一九四五年开了头，四十年来约摸写了一百来万字。我想借选编这本文集，给自己结一下账，在科普创作方面作个交代。没想到做起来并不容易，文章挑选出来了，非但内容杂，形式也杂，因而不好编排，还找不出什么规律性的东西来。文章大多为编辑期刊而写的，期刊缺少什么，我就写什么；期刊需要什么样的文章，我就写什么样的文章：哪儿能不杂呢？要使期刊编得活泼，杂一点儿原是非常必要的。从这些杂咕隆咚的文章中挑选出若干篇来，凑在一块儿仍旧像本期刊，不像什么文集。最后想了个办法，先以形式分，把类似小品文的归在一起，算作第一部分；根本不像小品文的归在一起，算作第二部分。第一部分大体按内容再分为十二组，第二部分不到十篇，都比较长，不再分组。下边就跟我的同道——编写科普读物的朋友们，说说我写这些文章的是非得失。

先说第一部分。

开头两组是物理和化学。这两个方面我写得比较少，因为有顾均正先生经常给我编辑的期刊写稿。我写的那两篇讲物理的都用新闻作为引子。这是编辑期刊常用的方法，可以增强期刊的时间性，吸引读者的注意力。像《跳伞》，庆祝建军节的体育运动会才开过，九月三日出版的《中学生》就刊出了这篇文章，对月刊来说是很及时的了。至于跳伞的知识，我是从苏联的科普读物《飞机大炮的数学》上引来的。那本书我看过，而且记得。看到了日报上的新闻报道，我把书找出来，两者一凑合，就写成了这篇《跳伞》。如果说经验，第一要书读得多读得杂，比较特殊的材料要记得住，找得着；第二要反应敏锐，能随时随地抓住可写的题目。当报刊的编辑，这两条应该说是基本功。

《竖鸡蛋》也是看到了新闻报道而写的，刊在我早年编的《开明少年》上。我先是好奇，自己拿了个鸡蛋作试验，心里想这本来是个重心和稳定的问题，试验成功了，又想起了哥伦布竖鸡蛋的故事，凑合起来就写成了这篇文章。我以为头还开得不错，讲到重心以下就差劲儿了，跟老师在课堂上讲课没多大差别。问题出在我没能把蕴藏在知识中的趣味给发掘出来。

两篇讲化学的，从内容到形式都出自苏联的通俗刊物和小册子。我不懂俄文，请人把大意讲了讲，就写出来了。我以为如果不是什么名著，国外的一般的通俗读物，还是采用这样译述的办法比较好。因为译述可以酌量增减，使文章更适合特定的读者对象，有些材料还可以换上国内的，使读者不至于感到太陌生。

第三组是数学。数学方面我写了不少，总有几十篇吧，大多是智力游戏一类，目的在于让读者得到思考的乐趣，养成推理的习惯；也写过几篇讲学习方法的。现在选的四篇都是智力游戏。《扳指头》那一篇如果现在写，讲完了八进位，我一定还要讲六进位、四进位，最后讲到二进位——电子计算机的计数法。我还想可以换个形式，把八进位叫做蜘蛛计数法，六进位叫做蚂蚱计数法，四进位叫做驴马计数法，有了这样一条桥梁，讲二进位也许比较容易被读者接受。

《白熊小姐的婚事》这个题目来自日报上的一则广告，讲了组合、排列和概率。这些知识要到高中才学，其实开头的部分并不深奥，初中学生能理解，而且会感到兴趣。许多高深的数学也许都这样，所以我想给读者先作个介绍，将来正式学就像见过面的老朋友似的，不至于太陌生。这篇《白熊小姐的婚事》就是个例子。有趣的是我一边写一边算，发现悬赏的给奖办法有个大漏洞。原来出题目坑人的人自己不曾作精密的计算。

我想读者要是有耐性一边看一边想，最后一定也会哑然失笑。至于讲小说《三里湾》中改造场磙的那一篇，主要目的在于劝说打算回乡务农的初中学生不要荒废学业，只是用这个几何题作为例证罢了。

第四组的三篇短文都讲的动物。动物、植物、生物，我有贾祖璋先生作靠山，自己写的很少。一九四八年下半年，我找了六幅动物画片给《开明少年》作封面。封面说明这样的小事儿，我不好再麻烦贾先生，而且按照惯例，应该由期刊的编辑自己撰写，三篇短文就是这样产生的。现在重读自己觉得奇怪，那些材料在仓促之间是怎么找到的。只记得写《鲤鱼》那一篇，我还有点儿针对性，特地插进一段说明鱼向前游主要靠摆动尾巴，而一般人都误认为主要靠鳍。新近在科普报刊上看到一篇文章，还在这样讲。

第五组是生理卫生。《细细嚼·慢慢咽》是“补白”，编报刊如果遇到版面留有空白，就得写一篇小东西补上，长短要正好。这也是当报刊编辑必须练就的本领，写得好可以使版面活泼起来。我给期刊写补白常常作为前边那篇文章的补充，或者后边那篇文章的引子；言犹未尽，正好利用“补白”来补。这一篇却是例外，跟前后都不搭界，因为好几期没讲到生理卫生了，于是想出了这个题目。《全身的锻炼》是有针对性的，许多同学由于功课逼得太紧，不太注意锻炼身体。我写是写了，自己觉得很惭愧，因为我也是个不好运动的人。言行不一致，鼓励别人做自己却不做，这是很不应该的。

在《开明少年》的头几期，我还写过好几篇讲传染病的文章，如霍乱、鼠疫、疟疾等。当时这些病正在流行，我认为报刊应该负起责任来，尽快给读者普及这方面的常识。最合适的作者是索非先生，可是他在上海，我在四川成都，我只好收集材料自己来写。文章都很冗长，我只把材料堆砌在一起，没能消化之后再吐哺给读者。现在再读那些文章，自己觉得可厌，因而一篇也没有选。

第六组是讲气象的。四篇文章我觉得都还不错。天气变化是谁都可以观察的，所以除了搬科学知识，我还穿插了点儿自己的观察所得。特别要说一说的是那篇《雷雨》。我先在一本美国的通俗科学刊物上，看到了一幅雷雨的图解，写作的动机就是这样引起的。正好又在一本新诗期刊上，读到了程边写的《雷雨颂》，诗人把人们在闷热的夏天盼望一场雷雨的心情，来比喻人民在国民党反动派的高压下如何渴望解放，迎接解放。我于是请朋友写了一篇介绍那首诗的文章，放在我写的科学小品后头。机缘凑得这样巧，可遇而不可求；一旦遇到了，决不肯等闲错过。

第七组是讲天文的。天文方面我也写得不少，讲的知识现在看来大多过时了，只好勉强选了这五篇。最近这一二十年来，天文学的进展实在叫人吃惊。像我写的《海王星发现100年》，历史部分大致没错，对海王星的描述恐怕得全部重写了。《太阳金环食》引起了我一段回忆，所以没舍得扔掉。那年三月廿九日，我在日报上看到五月九日将发生金环食的消息，马上写了这篇号召读者观察的文章，刊登在四月十六日出版的《开明少年》上。没料到五月九日那天，我国大部分地区是阴天，都没看到日食。到了五月中旬，却收到两份读者寄来的观察报告，恰好一南一北，一份来自广东罗定，一份来自河北唐山。我把这两份报告都刊登在六月十六日出版的《开明少年》上。月刊作这样快的反应，在当时算不了一回事儿，如果排印像现在这样慢，那就无论如何办不到了，相比之下不免感慨系之。

《星空时钟》我写过两回。头一回用《天空里的大时钟》作题目，也是在一本美国的通俗科学刊物上先看到了插图，再根据那篇文章译述的。解放后看到了咱们国内的材料，我就下决心重写一篇。一则因为写科普文章，应该尽可能采用国内的材料；二则咱们中国的材料自有咱们中国的特色，像这篇文章中的口诀就是。记得口诀原来有八行，我没照抄，归纳成了四行。《北斗七星和半个月亮》是给语文刊物写的，无非举几个例子，说明学文学也得知道点儿科学常识，用的不是跟孩子们说话的口吻。

第八组是分辨一些相近的概念，目的在于吸引读者思考，让他们通过比较，加深对一些常见概念的理解。当时觉得这样做挺有意思，想多写几篇，甚至题目也有了；后来大概又有了别的什么想法，把这件事儿给忘了。

第九组讲工业生产流程。我的读者是初中学生，我认为应该让他们多知道点儿生产的知识。在写这些文章之前，我为了避免出错和增加一些感性的描述，都去实地作了参观。写的时候，我的确用了心，可是读起来总觉得唠叨，未必能受读者欢迎；毛病可能出在我过分拘泥于自己的所见所闻。

第十组是科学家的小传和小故事。小传我写过不少，除了这篇《张衡》，还有僧一行、郭守敬、哥白尼、法拉第等人的，无非姓氏、籍贯、生年、死月、著作、成就……总之人家怎么写我也怎么写。我写得很乏味，读者恐怕也不会感兴趣。后来我为写这些小传专起了个笔名，叫“任逸云”——人家也这么说，我只是人云亦云罢了。我记起曾经读过的一本旧俄作家的长篇小说，叫《诸神复活》，是写达·芬奇的文学传记。在这本小说里，达·芬奇是个有思想有感情的人；对他生活的那个时代，小说也作了生动细致的描述。我想我能不能也采用这个方法，根据确凿的历史材料，也给某一位科学家，譬如张衡，写一本这样的文学传记呢？写长篇得先写短篇作为练习，第二部分中的《诀别》就是这样的一篇习作，可是读者对象不是孩子。

《王充辩鬼》和《王府中的辩论会》是小册子《姚崇治蝗》中的两篇，作为历史小故事出版的。王充没有什么故事可讲，我只好把他在《论衡》中一些论点串起来，编成了一个很不像样的故事。范缜的这个故事倒是可以写成短篇小说的，等将来有时间再试试看吧。

第十一组是我访问美国的三篇记录。参加科学作家和记者代表团去美国访问，是一九八一年初夏的事儿，回国后写了好些文章，除去讲编辑和写作的，就剩下这三篇了。旧金山的“探索者馆”是个很迷人的地方。迪斯尼游乐园也很迷人，主要是利用科学来作游戏。“探索者馆”正好相反，让人们通过游戏，对科学进行探索。我不反对前者，却更赞成后者。可惜在探索者馆，我只逗留了不到两个小时，只看了一个小小的角落，记下来的就更少了。茂林纪念公园也是个值得一看的地方。《可别为我担心》是给《中国少年报》写的，我尽了最大的努力，想写得浅一点儿，有趣一点儿，效果恐怕并不理想。有人看不起“小儿科”，那是他自己没写过，不知道难处。

第十二组是介绍读物的，前四篇是广告，后一篇勉强可以算评介。解放后有很长一段时期，期刊大多不刊登书籍的广告，可能认为刊登广告就是做生意，就是搞资本主义。这个风气直到近几年才改变，似乎改得过了点儿头，青年和少年报刊上不但书籍和学习用品，什么广告都刊登，常常不问对象。在解放前，一般书店出版期刊，目的之一就是为本店出版的书籍作广告。《开明少年》是开明书店出版的，当然得为开明书店出版的少年儿童读物作广告。而且我认为，把有益的读物介绍给读者是期刊应尽的责任。这四则广告都采用“补白”的形式，取书中的某一段改写成短文，最后交代一下出处，是从哪本书中摘出来的。这样做广告等于提供样品，让读者先试一试是否合他的胃口，再决定是否购买这本书，比类似“全国首创”“誉满全球”的吹嘘老实多了。而且能让读者得到实惠，不管买不买书，读了广告多少能知道点儿常识。在《开明少年》上作广告，我常常采用这个形式，不光介绍科学读物，也介绍文学读物。

第二部分的文章有的字数太多，似乎不能归入小品文一类；有的从形式看，根本不是小品文。

讲大豆讲黄金那两篇，显然是为了编期刊而写的。两篇的内容都很驳杂，学伊林没学像，可以说堕入了魔道。伊林有他的独到之处：知识面广，笔调活泼，而且随处有警句。知识面广固然好，要做到不卖弄，不炫耀，就不太容易。笔调要活泼，可是得力戒油滑。警句更不能强求，没有自己的体会，或者虽有体会而很肤浅，就成了装腔作势，故作高深。这几条可以说是我学伊林的教训，归根结底还有一条，就是我父亲说过的：临摹不如写生，从练习开始，就应该老老实实写自己的所见所闻所感所思，走自己的路。我所以选这两篇，一则拿来示众，上面说的毛病在第一部分的某些文章中也有，可是于此为甚；二则也有点儿可记念的地方。如讲大豆那一篇，找到那么些材料，把它们凑合在一起，当时确实费了不少力气；其中讲到做豆腐做酱油，有一部分还是我自己的经验。讲黄金那一篇，先是在抗战才胜利的日子写的，开头写了成都的黄金市场。解放不久，我编一套百科知识的通俗小丛书，叫《我们的书》，把这篇文章改写成小册子编了进去。用黄金市场作开头显然不相宜了，换成了揭露国民党反动派在崩溃的前夜，如何利用金圆券对人民进行最后的掠夺。人们当时记忆犹新，这样开头可能产生吸引读者往下读的效果；现在事隔将近四十年，肯定没有这个作用了。从这件事儿可以看出，同样是写稿子，书的要求跟报刊的要求并不完全相同。当时我还写了一本讲原子能的小册子，作为讲黄金的续集，现在看来完全过时了；主要原因不在知识方面，而是跟时事结合得太紧密了。

《没头脑和电脑的故事》是迟叔昌君跟我合作的，他打了个毛坯，我做了琢磨的工作。先发表在《中学生》上，后来又琢磨了一遍，给各节加上了格言式的小标题，跟《割掉鼻子的大象》合成一本小册子出版。不知怎么地让傅彬然先生看到了，他很称赞这一篇，可是又说可能会受到批评。我父亲听说了特地要去看了一遍，他也说不错，此外没说什么别的，只改正了两个错字。傅先生真个有先见之明，后来在所谓的业务思想批判中，这篇文章真个成了典型，说是油腔滑调，资产阶级的低级趣味；还问：在咱们的社会主义国家里，会有没头脑这样的孩子吗？我哑口无言，实在没法回答。我想，我也反对油腔滑调，可是一向认为油腔滑调跟幽默和风趣是有区别的；界线在哪儿，恐怕各人有不同的划法。那些不苟言笑的同志把界线划得离自己近了点儿，所以除了“正色”之外，在他们看来都是油腔滑调，都是低级趣味。可是也有一些同志，当时也持批判的论点，现在他们变了，在我看来已经远远地超越了界线——当然这是我划的界线，作不得准的。我把这篇跟别人合作的文章编进自己的集子，无非是自我平反的意思。当时这样写，为的告诉孩子们，必须摆正人脑和电脑的关系。现在我仍旧这样想，虽然事隔将近三十年，晶体管已经发展成了超大规模集成电路了。

《史前探险记》是电影故事。当时为了诱发孩子们学习自然科学的兴趣，我在期刊上除了小品文，还采用了许多别的文艺形式，讲故事是其中之一。《失踪的哥哥》也是那个时候写的。这篇故事常被选家看中，编进了好几种科学文艺的选本。我自己写过一篇“自白”，专谈这篇故事的是非得失，编在和妹妹至美弟弟至诚的散文合集《未必佳集》中，在这儿就不多说了。总之觉得没有什么好，尤其写到让那个冷藏了十五年的哥哥活过来的那一段，我心里虚得很，简直说不出什么玩意儿来了。从效果看，两个主要的目的都没达到，一是讲点儿生命冷藏的科学知识，一是讲大胆的设想必须跟科学的态度相结合；读者感兴趣的却在于哥哥变成了弟弟，弟弟变成了哥哥。我写过不少篇所谓的科学幻想故事，比较像个样儿还数这一篇，那就留着示众吧。

《兄弟俩》这篇相声，材料来自王峻岑先生的数学小品《一和零》。先是顾均正先生给《中学生》写了篇稿子，讲作用力和反作用力，用的对话形式，我给改成了相声。只怕有人说顾先生这么大年纪了，反倒油腔滑调起来，所以我在他的名字后边加署了我的笔名，如果在形式方面受到指摘，责任由我来负。后来出我意料，好些科普刊物也出现了相声，表明这种形式是受读者欢迎的。戏剧我也试过，没得到反应；我想戏剧的形式应该是可以用的，得怪我自己没把剧本编好。

最后一篇《诀别》，是写布鲁诺的短篇小说。在前面我已经说过，我为什么要采用这种形式。我也人云亦云地写过布鲁诺的小传，把他写成了一个苦行僧式的殉道者。一九八一年，我借到了一本苏联的通俗小册子，中间不但有布鲁诺传，还有一张布鲁诺一生的行踪图，图上还标明了年月。我让妹妹至美把这篇小传译了出来。小传也写得很干巴，材料可不少。读了之后，在我的脑子里构成了另一个布鲁诺的形象，他性格开朗，举止活泼，语言诙谐。要不是这么个人，在宇宙间，他怎么会比哥白尼跑得更远呢？在过去写的小传中，我对不起他，把他的形象给歪曲了，我得纠正自己的错误。于是我查阅了欧洲的历史，着重了解布鲁诺那个时代的宗教斗争和阶级关系，对一些细节，我还作了点儿考证。等到动笔的时候，布鲁诺好像已经成了我的一位熟悉的朋友。这样的小说，我才写成了五篇，以《梦魇》作书名编了个集子，不久就可以印出来了。我还想写若干篇，能否如愿得看时间是否许可了。

开头说过，我想借这本文集结一下账，在科普创作方面作个交代。可是文章这样杂，我又没有作总结的才干，到了儿竟说不出个所以然来，连起个书名，也踌躇了好些天。老实点儿，就用《叶至善科普文选》，恐怕不行，一定没销路，书店通不过。考虑来考虑去，想到文集的头一篇是《竖鸡蛋》，就用《竖鸡蛋和别的故事》作书名吧，把《叶至善科普文选》降格为副题。哥伦布竖鸡蛋的故事，我是很喜欢的，能鼓励人少说空话，多做实事。碰到那些习惯于指手画脚又从来不动手干的人，我就会想起这个故事来。我真想学哥伦布的样儿，回他们一句："太太们，先生们，你们为什么不这样做呢？"

一九八六年一月

《古诗词新唱》前言

《古诗词新唱》原是薄薄的一册，只五十首，作为尝试，在前年十一月出版。

使我喜出望外，尝试居然得到了成功，初步的成功。

先是请四位名歌唱家，两位女高音两位男高音，各挑出一首或两首，在一次集会上演出，钢琴伴奏也请的名家。他们都非常认真，每唱完一首，都赢得了全场掌声。从他们选中的那七首听来，我的编配还说得过去，歌词和曲子的情调还算和谐，拍节还算吻合。

接着在报纸和期刊上，读到十来位朋友的评介文章。没有一篇是泛泛的捧场，都各有见地，言之成理，对我这样编配表示认同，都说我做了一件颇有意义的工作。

后来从各方面得知，欢迎这册小歌本的人还不少。他们大多人过中年，爱好唱歌，却找不到适合他们唱的歌。我本来就是为歌唱爱好者编配的。得其所哉！得其所哉！我替我的小歌本感到庆幸。

鼓励不打一处来，我怎么肯就此歇手。一年多来我又陆续编配了百十来首，连同原有的五十首，一再筛选修订，编成了这册“三倍体”，一百五十首的《古诗词新唱》。

在看校样的时候，我每校毕一首，随手记下了一些什么，短的不足五十字，最长不超过五百字，集在一起以《校后琐记》为名，附在后头。但愿不至于成为蛇足，败了歌唱爱好者的兴。

给古诗词配上现成的曲子，并非我的创新，我是学弘一法师的样。

六十多年前在中学里，我唱过弘一法师制作的许多歌，当然都是他出家以前的作品。如三重唱《春游》，歌词和曲子出于他一人之手，是名副其实的“自度曲”。如现在还常有人唱的“长亭外，古道边”，曲子是外国的，他给配上了情调相符的歌词，可以称作“倚声填词”。还有给古代的诗词，如李白的《春思》，配上外国曲子的，是“倚词配曲”还是“倚曲配词”无法考证了，总之都配得非常和谐。

因为喜欢唱弘一法师的作品，我很想学他的样，自己制作一些歌自己来唱。我没学过作曲，又不会吟诗填词，作“自度曲”和“倚声填词”，我都无缘了。要学，只剩下一条路可以走，就是给古代的诗词配上现成的曲子，最好是经常听到的又容易上口的名曲。

古代的诗词本来都是可以唱的。先是没有记谱法，没法把曲子记下来，只能口耳相传；后来记谱法是有了，却不很完善，又不能普及，主要仍旧依靠口耳相传。年代隔得久了，曲子渐渐亡佚，诗词失去了音乐的依傍，只能吟诵，没法再唱，实在是非常可惜的事。配上现成的曲子，使某些古诗词能够唱，多少可以弥补一点儿缺憾吧。如果能像弘一法师配的那样和谐，我就心满意足了。

我说的是弘一法师在出家之前的作品。按佛门的规矩，出家前应该称呼在家的姓和名，可是我怎么敢呢？我的岳父和我的父亲，他们谈起弘一法师，从来不称名道姓的。我想，弘一法师即使知道了，也不会因此而皱眉头的，他脸上永远带着宽容的微笑。

给一首诗或一首词配上现成的曲子，先得选定配哪一支曲子。有时候很凑巧，诗或词有多少句，曲子也是多少句，诗句和乐句正好一一相配，甚至各句的长短也差不多。有时候却不然，往往乐句多于诗句，或者长于诗句，我只好用重复的手段来处理：重复完整的诗句，或者重复诗句中的某个短语，某个语词，某个单字。

我国的诗词跟国外的歌词不同，讲究用字尽可能少，包涵的意思尽量丰富，因而重复的诗句是很少见的。在这一册歌本中，以诗而言，只《诗经・蒹葭》中，“所谓伊人”、“溯回从之”、“溯游从之”各出现三遍；李白的《行路难》，一连用了两句“行路难”。以词而言，《忆秦娥》上片第二句最后三个字必需重复，用来引出后边两句四言，下片亦复如此；《如梦令》有一组必需重复的两言；《调笑令》有两组必需重复的两言；还有辛弃疾在《丑奴儿》中，把“爱上层楼”和“欲说还休”各重复一遍，所以重复，为了引出下一句，其作用犹如破折号。除此之外，其他的重复都是为了跟曲子相配而作的重复；都是我加进去的，不是诗词原来就有的。

有的时候，曲子比诗词短，只好重复一遍，或者重复其中的某些乐句。有的时候，曲子比诗词长得多，只好截取其中的一段，或者删去其中的一段。碰到这些情形，我在《校后琐记》中都作了交代，好让歌唱爱好者评判处理得是否妥当。国外的歌中常常有“啊”“哦”之类的叹词，都只好照搬；在我国的诗词中是没有这样的叹词的。

有朋友建议，让我给诗词作些注释，我没有照办。这不是一件容易的事，片言只语解决不了问题，结果必然越注越多，没有个底。其实难懂难念的词语，查《辞海》就能解决；想作比较全面的理解，可以找些选本来读；近年来出版的那些“鉴赏辞典”、“鉴赏大全”，也可供参考。

我编的只是歌本，供歌唱爱好者唱的。如果他们在唱这些歌的实践中能得到乐趣，从而对诗词和曲子偶有兴会，就是我莫大的幸运了。

一九九七年八月二十日

《古诗词新唱》校后琐记（录 36 则）

1. **卿云歌**　《尚书大传》说是舜在禅位给禹的典礼上唱的；如果此话当真，这首诗比《诗经》还要古。配上《宁静的夜》，取其熟。原谱句句标明强弱，怕不适合新配的古词，把这些符号都删去了，请歌唱爱好者自行斟酌吧。

2. **蒹葭**　晚秋清晨，在没边没际的芦苇塘里寻找心上的“伊人”，找来找去，到了儿还没找着。印尼的《划船歌》也是三节，重复而稍有变化，正好抒发那寻寻觅觅不可自已的心情。

3. **国殇**　前半篇写当时的车战，酷似电影的“蒙太奇”，一句一个特写镜头，错综突兀，教人惊心动魄；顺势急转直下，重述英雄出征时的豪言壮语，赞扬他们终于实践了为国捐躯的承诺。也许屈原听厌了当时祭奠阵亡将士的例行颂歌，故而反其道而行之，写出了这样一首发自肺腑的传世名篇。

《阿莱城姑娘》不知是怎样的一部歌剧，序曲的节奏近乎进行曲；那么剧中会不会有这样的场面：全城姑娘集合起来，列队奔赴保卫家园的前沿。这支序曲只听到过管弦乐队的演奏，这儿用的是开头的一段。

7. **龟虽寿**　大概是曹操晚年的作品。生命有限而壮志犹存，养怡延年可以缓解这一矛盾。结句“可得永年”是争取多活几年，为的多做些事。开头举神龟腾蛇作比，可见曹操是不相信“万寿无疆”的。

曲子选自《新大陆交响曲》，早有人倚声填词，作了一首《念故乡》。据说本来是黑人歌曲，德沃夏克旅美时听到了，乡愁不可抑止，采作第二乐章的两个“主题”之一，寄托对祖国捷克的思念。用来唱曹操的《龟虽寿》，似乎还过得去，多唱几遍，节奏自然而然会加强些，加快些。根据对歌词的理解而稍稍改变曲子的节奏，我想是可以容许的，只要不过分。

14. **敕勒歌**　北齐将军斛律金唱这首歌，怀念草原上家乡。歌词如此旷远，声调想必高亢，得配上内蒙古民歌的曲子才好，居然让我给找到了《嘎达梅林》。这是一首内蒙古人民怀念这位草原英雄的赞歌。

19. **古从军行**　圣·桑的《动物狂欢节》组曲，数这支《天鹅》最出名。芭蕾舞《天鹅之死》用的就是这支曲子，舞姿紧扣旋律，凄楚感人。我也看不厌，只是想不明白狂欢节上怎么会出现一只垂死的天鹅。

给这首《古从军行》配上《天鹅》这支曲子，也是大胆尝试。两者描写的对象不同，环境不同，可是都表现了面对死亡的无可奈何。李颀并非作客观的描写，他借古讽今，反对唐明皇屡次起兵西征。因而唱起来得把曲子的节奏适当加强些，尤其到最后，不能跟配芭蕾一个样渐缓渐轻至于结束。

22. **黄鹤楼**　据说李白很推崇这首诗，甚至说："眼前有景道不得，崔颢题诗在上头。"我想吟诗不是拳击，非得把谁击倒不可；这首诗固然好，也不至于把李白吓倒。很可能是这么回事：李白跟一班朋友上黄鹤楼饮酒，有人忙不迭说："如此盛会，岂可无诗。"不想李白指着壁上崔颢的诗，道出这两句话来，给那位"雅得太俗"的朋友劈头一瓢冷水。谁要是编什么《戏说李白》，这一段胡诌，我可以情让。

曲子采自美国的民歌，原来的题目是《梅姬，当你和我年轻的时候》。歌词寓情于景，每两句之间轻轻地呼唤一声不在身边的梅姬，低回软语，情深意真，值得找来唱一唱，最好唱原文。

24. **关山月**　给李白这首名作，配上一支唱遍了全球的意大利民歌的曲子，因为两者都有一种苍茫旷远的情调。听说意大利海滨有座景色秀丽的渔村，就叫"桑塔露琪亚"。用人名作地名，在西方古已有之，一般用圣徒、名王和英雄的名字；把民歌中呼唤的姑娘作为地名，恐怕仅此一例。这倒是绝妙的"文化旅游资源"，能使来自世界各地的游人触景思歌，产生许多美丽的遐想。

27. **行路难**　用《三套车》的曲子来唱《行路难》，真个天造地设，好像曲子本来就是为李白的这首名作谱的。

32. **梦李白(其一)**　杜甫听说李白流放夜郎，关山路遥，得不到确切的消息；无边的思念和忧虑，一一重现在梦中。

曲子采自歌剧《佳尼·斯基基》。女郎苏莱达恳求爸爸允许她嫁给心上人，爸爸要是不答应，她宁愿跳河；从译文看，口气不免生硬。普契尼给这首咏叹调谱的曲子却很婉转，也许他认为要这样才能打动爸爸的心。

诗好，曲子好，配在一起，情调也相符。曲子短了四句，我用开头四句补在“魂来”那四句上，似乎还不太露形迹。最巧的是曲子末了第五第六两小节的十拍休息：唱完“犹疑照颜色”，好像已经结束，没想到稍停一会儿，又补上两句情深意长的叮咛。

35. **春夜喜雨**　成都盆地到了春天几乎夜夜下雨，随风而来，润物无声，早晨看到花上叶上都挂满了水珠，才知道昨夜又下了一场连纤好雨。我体验过这样的喜悦，心想得给这首好诗配上一支名家的名曲，居然找到了德国作曲家门德尔松的《乘着歌声的翅膀》。

39. **闻官军收河南河北**　这样欢快流畅的诗，在杜甫的集子中恐怕找不出第二首。想到杜甫后来又漂泊了七个年头，离家乡越来越远，竟客死于湘江的小舟中，使人读了这首诗反倒增添伤感。杜甫当时欣喜欲狂，哪里会料到这样的结局。

《音乐在空中回荡》的曲子简单流畅，很容易上口；用来配杜甫的这首诗，唱起来好像不假思索，一句连一句，脱口而出。

49. **原上草**　从字面看，“芳草”就是“香草”；在诗词中，“香草”比作君子，“芳草”都牵扯到别离，那是不可混淆的。“野火”一联是名句，白居易说的是别恨离愁年复一年，不可自已。后人把这两句拎出来，形容生命力的不可抑止，赋予了新的意境，也很得当。但是读这首《原上草》，还得按白居易的原意来理解，否则就讲不通了。

舒伯特这支《摇篮曲》是名作，用来配《原上草》，声调和拍节都还合适。

52. **花非花**　非花非雾，似朝云，如春梦，到底咏的什么，猜不出来。想不到白居易也作朦胧诗。黄自先生给这首小诗谱过曲，采用了昆曲的旋律。

歌名《渔妇催眠曲》是我根据歌词杜撰的；原来用歌词的第一句“Sweet and Low”作歌名；译作《既甜蜜，又温存》，离开了歌词，不知底细的人以为是首情歌。歌词美极了，我意译如下："微风从西边吹来，月光抚弄着浪花儿。爸爸就要从海上归来，来看他心上的小宝贝儿。小宝贝睡在妈妈怀里，就像睡在窝里的小鸟儿。安静地睡吧，小不点儿，快睡着吧，我的小心肝儿。"可惜没法配着曲子唱，而且唱译文总不如唱原文。

54. **渔翁** "欸乃一声山水绿"，"岩上无心云相逐"，都是好诗句。《莎丽楠蒂》很风趣，爹娘问莎丽楠蒂为什么流泪，她推托说是沙尘迷了眼睛。千岛之国印尼有许多旋律各不相同的好民歌。

60. **锦瑟** 历来有许多名家跟猜谜一个样，探索这首朦胧诗的本事。有一位说，李商隐整理旧作，感触万千，于是写下了这首七律：头两句说重读旧作使他回想起美好的年华，三四两句择要概括旧作的内容，五六两句自夸自己文思的美妙，结尾叹息往事已无法一一追忆。这个说法似乎比较近情。

洛雷莱是莱茵河上的一处险滩。传说每天傍晚，有个美丽的女妖在悬崖上，一边梳理金发一边唱歌。河上的舟子听得出了神，只顾抬头望她，忘了汹涌的波涛，忘了手中的舵，结果闹得船翻人亡。发思古之幽情，看来在外国诗人中也是流行的。海涅来到洛雷莱，面对暮色苍茫的悬崖，想起那则古老的传说，不由得无限怅惘，留下了一首《洛雷莱》。西歇尔给谱的这支曲子，也确实使人听了感到怅惘；用来配李商隐的《锦瑟》，情调还合拍。

61. **登乐游原** 李商隐这首五言和亨德尔这支曲子，我都喜欢。到底是给诗配曲，还是给曲配诗，我也说不清楚；总之花了不少工夫。

亨德尔为赞美一棵大树作了一首歌。歌词不怎么样，翻来覆去只是一句："从没见过一棵茂盛的大树，有这样可爱和美丽。"曲子好极了，他是用发自心灵深处的音乐，来赞美这棵绿叶青葱的大树的。

《登乐游原》只有四句，要用这支曲子来唱，非得学亨德尔的样，采用重复的手段不可。就看重复哪几句好，跟曲子配得是否得当了。

62. **夜雨寄北** 有人说是寄给朋友的，有人说是寄给妻子的。不管寄给谁，我们读了也会感受到李商隐当时的孤独和寂寞。配的这支俄罗斯民歌的曲子，使人听了也会感受到无边的孤独和寂寞。柴科夫斯基在乡间的清夜里，听到有人在窗外唱这支歌，他把曲子记下来，谱进了一支弦乐四重奏。

68. **生查子**　词好，曲子好，尤其难得的是配在一起竟如此自然，如此和谐。这首西班牙的《犹妮塔》，形式很像小令，也是临别时唱的歌，歌词也委婉，英译中译我都唱过，总觉得不如配上牛希济这首《生查子》好。

78. **苏幕遮**　据说《苏幕遮》是波斯语的音译，意译该是"手帕"或"头巾"。此话如果当真，很可能是波斯的一支舞曲，在盛唐就引进了，宋代是没有这样的气魄的。

"先忧后乐"的范仲淹当过陕西经略副使，任务是防御西夏入侵。他留下的词只剩五首，倒有三首写镇守边关时的凄苦心情，因而被时人称作穷塞主。

四年前的春节，我心脏发病住院，躺在床上无聊透了，只好背记得的诗词，哼唱熟的歌。哼到前苏联的《遥远的地方》，觉得有些语词译得不太熨帖，正推敲间，忽然想起了范仲淹的"碧云天，黄叶地"，于是背一句词，哼一句曲子，配在一起轻轻哼了两遍，居然像一回事，当时拿铅笔记了下来，又作了些修改。没想到从此一发而不可收拾。

词和曲子都表现边防将士怀念家乡，配在一起容易合拍。诺索夫的《遥远的地方》似乎被遗忘了，在"文革"前经常有人演唱，电台也经常播放。

79. **蝶恋花**　又是大胆尝试，明知不会有人唱，我还是花了不少工夫。歌剧《卡门》每回演出，女主角载歌载舞，唱完这首《哈巴涅拉》，满场观众没有不热烈鼓掌的。歌词开朗任性，曲子挑逗妩媚，两者配合得既别致又和谐，真个是"爱你没商量"，使人以为这就是吉普赛的性格。

比才谱的曲子这样好，真教人不忍舍弃，我想起了柳永的这首《蝶恋花》："衣带渐宽终不悔，为伊消得人憔悴"，不也一往情深吗？当然是中国式的，而且是古代文人的。王国维曾用这两句来比喻做学问的执著追求，真个是"仁者见仁，智者见智"了。

80. **雨霖铃**　《吉普赛女郎之歌》是萨波斯基的诗，跟柳永的这首《雨霖铃》一个样，都抒发依依惜别之情。把柴科夫斯基给前者配的曲子给后者配上，感情的层次似乎挺吻合。有趣的是名句"杨柳岸晓风残月"，正巧落在中间有两个休止符的乐句上，表现了前边所说的"凝噎"。

《吉普赛女郎之歌》曲子如此动人，歌词译得还不坏，不知为什么没听人演唱过。对柴科夫斯基的声学作品，人们都把注意力集中在歌剧上；

跟看重长篇小说忽略短篇，情形有点儿相似。

84. **浣溪沙** 叹息时光流逝的诗词也俯拾皆是。晏殊的这首《浣溪沙》，因“花落去”“燕归来”一联出了名。我给配上了古诺的《小夜曲》，希望能得到歌唱爱好者认可。

《小夜曲》都是情歌，古诺这一支就是给雨果的一首情歌配的。在中学里唱的是英译本，好些句子不甚了了，却迷上了这支既婉转又流畅的曲子；老师的钢琴伴奏又弹得非常动听。

94. **水调歌头** 这首“明月几时有”太有名了，用不着我再来吹嘘。原来有一段小序：“丙辰中秋，欢饮达旦，大醉。作此篇，兼怀子由。”子由是苏轼的弟弟苏辙。

《印度客商之歌》间或有人演唱，好听极了。结尾一段和开头一段歌词完全相同，曲子只改动了最后的四五个音符，可情调分明不同。开头一段是引子，吸引对方的注意力，让对方集中精神听他说。结尾一段却是把他说的作个概括，最后把右手按在胸口上，深深地一鞠躬。中间一大段数说印度的奇怪的事，奇谲的旋律能把人引入一个缤纷迷幻的世界。章法如此严谨的咏叹调，诱惑力又如此强烈，我还没听到过第二首。配词的时候，我依样画葫芦，结尾也重复开头，为的加深苏轼的感叹。

我这一回又是大胆尝试。曲子的中间一大段有许多升半音降半音，比较难唱。只要过细分辨一下，可以发现音的升降有着一定的规律；掌握了规律，唱起来就不太难了。请歌唱爱好者也不妨大胆尝试一回。

95. **洞仙歌** 这首词也有一段序：“仆七岁时见眉山老尼姓朱，忘其名，年九十馀，自言尝随其师入蜀主孟昶宫中。一日大热，蜀主与花蕊夫人夜起避暑摩诃池上，作一词；朱具能记之。今四十年，朱已死，人无知此词者。但记其首两句，暇日寻味，岂《洞仙歌令》乎，乃为足之云:”苏轼足成了这首《洞仙歌》，过后有人概括成一首《玉楼春》，也还不错，被人们当作孟昶的原词。

托赛里这首《小夜曲》，担心往日的爱情不过是一场春梦，呼唤恋人快回到自己身边。曲子的情调跟苏轼的这首《洞仙歌》很不相同，配在一起却还过得去，只要在唱的时候控制点儿音量就成了。其中“试问夜如何，夜已三更”两句，我自以为调理得还可以，有点儿夜深怠倦的味道。

渡过银河的疏星是流星。仲夏，地球正好靠近天琴座流星群。

98. **念奴娇**　这首“大江东去”也太有名了。“乱石穿空，惊涛拍岸，卷起千堆雪”，有声有色有动态，何止如画，简直是彩色全景电影。结尾两句，我倒不嫌消极，只觉得稍有点儿落套。

晚星就是金星。有些日子，金星赶在太阳之前升起在东方，我国称它“启明”，西方人称它“晨星”；有些日子，太阳落山后，天空还没暗下来，金星头一个出现在西方；我国称它“长庚”，西方人称它“晚星”。

歌剧《唐豪瑟》演些什么，可以不去管它。瓦格纳这支歌不涉及剧情，只赞颂晚星光耀明澈，称它为幸福的天使。曲子的旋律悠慢低沉，颇合乎怀古的情调，因而给苏轼这首《赤壁怀古》配上了。

103. **清平乐**　是黄庭坚的名作。配的曲子是挪威格里格的名作。《赛尔维格之歌》常有人演唱。

赛尔维格是易卜生《皮尔·金特》中的一位姑娘。在她新婚之夜，新郎皮尔·金特突然失踪。她年复一年地等待，在村口眺望时唱起了这首歌。格里格为剧本中所有的歌都谱了曲，还为某几段情节作了伴奏。北京人民艺术剧院演出过这部名剧，力气花了不少，从经济效益看是很不划算的；我很担心从此成为绝响。

编配的时候我不敢怠慢。重复哪些句子、短语和语词，我都斟酌又斟酌，但愿不至于损伤词的意境和曲子的情调。用模拟呖呖莺声来替代婉转的“啊”，不知能否得到歌唱家的认可。

107. **鹊桥仙**　雷尔斯塔甫作词，舒伯特作曲的这首《小夜曲》非常有名。我在中学里唱的是英译本，才唱曲子的头三句，就联想起“纤云弄巧，飞星传恨，银汉迢迢暗度”。隔了六十年，居然把这支曲子给秦观的《鹊桥仙》配上了。

咏牛郎织女的诗词很多，秦观这一首所以出名，可能因为他跳出了描摹痴男怨女的框框，抓住相聚和相别两个场合，形象地阐述了他对真挚爱情的价值观。为了跟曲子相配，我重复了后半阕的好句子。一般说来，重复会产生强调的作用；可是最后的那个“朝朝暮暮”，好像给添了一层意思：此情果真久长，不必求朝暮相聚，可免不了朝暮思念。想不到无意中犯了个妄改原作的错误。

在刮批判风的日子里，这首词未能幸免，说秦观安于现状，缺乏斗争性。那时两地分居没得到妥善解决，如果都斗起争来，可热闹了。倒应该给秦观颁发奖状才是。

飞星也指流星。七夕前后，地球靠近天琴座流星群。织女星是天琴座的主星，因而经常有流星从它旁边飞出来，古人说是织女的眼泪。早有科学小品指出，织女星和牛郎星相隔十几光年，不可能在七夕晚上相遇。科学就这样无情地扫了文艺的兴。其实也不尽然，我写过一篇《北斗七星和半个月亮》，举了好几首诗歌作例子，说明科学知识往往能增进对文艺作品的理解。

110. **小梅花** 贺铸这首词在通常的选本中没见过，我是在干校时，看龙榆生先生编的《唐宋词格律》看到的，觉得好，却不懂，就写信问父亲。父亲回信说他也不全明白，可的确好，是豪放一派。开头就给人一个鲜明的比照：一个口若悬河力能缚虎的人，乘的车却窄如鸡笼，骑的马却瘦小如狗。又说查了《全宋词》，贺铸有三首《小梅花》，主题各不相同，格调却一致，并把那两首抄给了我。在以后的来往信件中还讨论了好一阵子。从一字不改地引用李贺的两句七言来看，贺铸这首《小梅花》是为送别朋友写的。别的句子也都有来历，可是跟一般的用典不同，他是把前人句子稍作改易，串连在一起，表达自己的思想感情。其他两首也是如此。我问父亲能不能找到一个详注的本子；父亲回信说没见过，有机会向龙榆生、夏承焘两位先生请教吧。合适的机会没碰上，两位先生都作古了。所以直到现在，三首《小梅花》对我来说仍旧是夹生饭，只觉得念起来顺口带劲。

《听那百舌在歌唱》，我在中学里唱过原文。新出版的歌本把“百舌”译作“模仿鸟”，显然错了。百舌会模仿别的鸟的叫声，《镜花缘》中提到过。《辞海》上说，这种鸟就是乌鸫。

111. **西河** 这首《金陵怀古》，采用了刘禹锡《石头城》和《乌衣巷》的意境，包括一些词语和句子。也许周邦彦读了那两首七绝，遐想联翩，不能自已，于是足成了这首《西河》。因为是长调，念起来比较舒展，不像七绝那么迫促，急忙要把话说完似的。

《鸽子》的作者伊拉迪尔，现在似乎肯定是西班牙人了，我同意这个说法。我在中学里唱过英译的《鸽子》，没有“哈瓦那”这个地名，也没有什么悲伤的叹息。那是一首水手的歌，唱给屋里人听的，大意说“在你想念我的时候，会有一只鸽子轻轻落在你身旁，告诉你，我们在海洋上何等自在，何等快活，简直谁都没法跟我们比”，总之全是安慰屋里人的话。哥伦布发现美洲之后，大西洋上的航运越来越繁忙。当时没有无线电通讯，船上只好带一笼信鸽，约定了每隔几天放飞一只，让它报个平安家信。在一本诗话中看到，我国在唐代就采用这个方法了。现在经常演唱的《鸽子》，可能是某一位古巴诗人倚声而填的歌词。

给周邦彦这首词配上《鸽子》的曲子，也真凑巧。《西河》分上中下三片，曲子的情调可以分成三个层次，正好一一相应。

128. **少年游**　歌德有首小诗《土拨鼠》，说他到处流浪，老把土拨鼠带在身边。查《辞海》，土拨鼠就是旱獭，个儿比猫稍大，看来口袋里是放不下的，得遛狗似的拴根绳子牵着走。因而有点儿怀疑是否译错了，也许是鼹鼠。口袋里带着鼹鼠的卖艺人，我小时候在上海街头倒见过。而且欧洲人好像很喜欢这种小动物，捷克卡通描绘的鼹鼠，就比美国的米老鼠可爱多了，风趣多了，高出不止一个档次。越扯越远了，就此打住。总之贝多芬给歌德的这首小诗谱了曲。

贝多芬的这支曲子，我是在初中时代自己学会的，唱的是一首《卖花女》：“春寒料峭，女郎窈窕，一声叫破春城晓。桃花红了，梨花白了，街头巷底声声叫。……”父亲听到了，说是滥调。我一捉摸真有点儿滥，滥在胡诌。江南的卖花姑娘挽着蒙着蓝布的小竹篮，卖的是栀子花、白兰花、茉莉花、珠兰，供太太小姐们佩在胸前插在鬓边的；她们从来不卖折枝的桃花梨花，也从来不放大嗓门吆喝。歌没有兴致再唱了，倒是记住了贝多芬的这支曲子。

贝多芬这支曲子表现流浪者的心态，带点儿哀愁，唱完了好像意犹未尽；因而给陆游这首在客居中思念家乡的《夜闻杜鹃》配上了。

129. **夜游宫**　“雪晓清笳乱起”，“铁骑无声似水”，大军整肃队伍待命北征；可以想见，陆游在梦中一定热泪盈眶。他“鬓虽残，心未死”，还盼望有一天，在收服中原的征战中身先士卒，建立功勋。

给配上《蝴蝶夫人》中这支出名的咏叹调，在我又是弄险。虽说不伦不类，曲子表现的那种痴情，跟陆游梦醒时的失落感，似乎不乏相通之处。配的时候斟酌再三，花了不少力气。

130. **西江月**　张孝祥在这首《西江月》中，竭力表现他如何闲适。可是既然“此心到处安然”，干吗要把这句话时时挂在口头上呢？

相比起来，莫扎特这支《渴望春天》才真叫闲适。曲子是给奥弗贝克的诗配的。这位诗人看来跟莫扎特一个样，也是个快乐的人。诗中当然得提到将要逝去的冬天，却把冬天也写得充满了快乐。

131. **念奴娇** 配的这支挪威曲子，我在小学里就唱熟了。有一回上海各小学举行唱歌比赛，老师组织了一个合唱队去参加，其中有我；唱的什么歌没留下印象，曲子就是这一支。进了中学，找到了这首《昨夜》的英译本，才知道原来是首情歌，译文跟曲子一样美。再后来，又找到刘半农先生的《昨夜》，并非译文，采用了词的形式，记得是："瞢腾，昨夜魂飞无定，有梦也何如醒。一窗月色，几痕花影，满屋萧寥四边静。啊，幽凄如此，画也难成，梦境也难比并。过了三更又四更，远远鸡声，被它叫破清境。"很可能有错字。唱起来也是很够味的。

张孝祥这首《过洞庭》把水天描绘得如此空阔，如此静谧；又有好些设想奇妙，情景交融的好句子。配上《昨夜》的曲子，自然错不了。可是近来觉得这首词过于孤傲，万象都可以作为宾客，心灵却跟谁也无法相通。要唱，不如唱那首英译的感情真挚的《昨夜》。

134. **摸鱼儿** 在干校里，我不止一次默写辛弃疾这首《摸鱼儿》，倒不是惜春，怕的是"更能消几番风雨"。还有那"闲愁最苦"，念初一的时候就从朱光潜先生的《谈动》中读到了；进了干校才渐渐领会什么叫"闲"，为什么"苦"。

马斯涅的《悲歌》在中学里唱过。歌词是后配的，悲的是阳春消逝，恋人离去，从译文看很一般，唱起来又不大顺口，因而只记住了曲子。用来配辛弃疾这首《摸鱼儿》，曲子短了一大截，只好用重复的手段来补足，显得拖沓。感情也不十分贴切，曲子是宣泄无遗；而辛弃疾这首词却含意很深，表现得很委婉。

147. **沁园春** 《我的太阳》早已唱红了，给这支曲子另配一首歌词，岂非多事。然而我竟这样做了。听熟了男高音的嘹亮的歌声，忽然想起这支曲子的旋律，跟《沁园春》的格律何其相似。刘克庄"慷慨生哀"的《梦孚若》记得最熟，就拿这一首来比照，没想到竟句句合拍，心里的高兴自不待说，也没法说。自己得到了乐趣，总想跟同道们分享。但愿歌唱爱好者不要放过这一首新配的旧词。

一九九七年八月十九日

《我是编辑》题解

电视片《围城》播放的时候，我从头到尾看全了，确实好，全家人都说好。片中那所三闾大学，是在白马湖春晖中学拍摄的；汪教授住的，就是我的岳父夏丏尊先生的“平屋”。老伴满子看了更加高兴，等于年逾古稀又回了一次娘家。

小说《围城》，我是去年才读的，印象之佳，又远远超过了电视。小说随处妙语联翩，发人深省。譬如介绍三闾大学的校长高松年，先说他“是位老科学家”，接下来就是一大段调侃。开头说：“这个‘老’字的位置非常为难，可以形容科学，也可以形容科学家。不幸的是科学家跟科学大不相同，科学家像酒，愈老愈可贵，而科学像女人，老了便不值钱。”读到这里，我心中不免一愣。不是都说我是个老编辑吗，还说我经验丰富。是老编辑的经验呢，还是老得过了时的编辑经验呢？从我才编得的这本集子看来，恐怕有些所谓的经验，还是《儒林外史》中的那位选家，马纯上马二先生的。

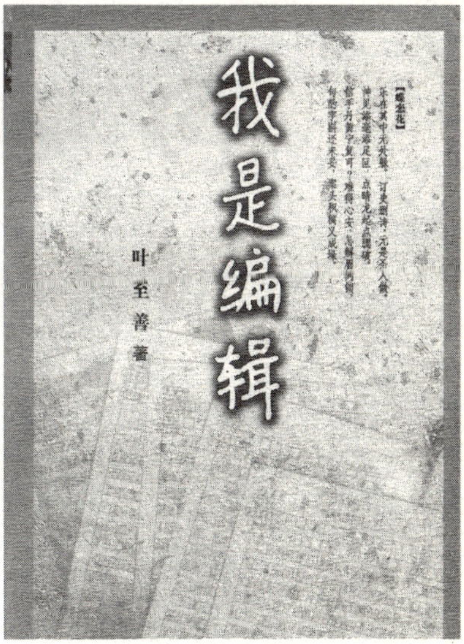

《我是编辑》书影

既然心中打鼓，为什么还要打出幌子，把这本自选集叫做《我是编辑》呢？说来话长，“文革”后不久，有家英文的文学刊物打电话给我父亲，说中东某个国家的一位作家要登门拜访。父亲回答说："为礼貌起见，还是让我去为好。"于是他们开车来接，父亲由我陪同，去宾馆谈了个把小时，拍了几张照片。隔了一个来星期，这家刊物的编者打电话给我，说报道已经写得了，正要发稿；配了张照片，是那位外国作家跟我们父子俩的合影，问我什么头衔，他好写说明。我说："我是编辑，写 editor 就成。"他迟疑了一会儿又问："你写东西吗?"我回答说："经常写，当编辑哪有不写东西的。"他好像立刻开了窍："那就用 writer，writer。"不由我分说，咔嚓一声，对方把电话挂断了。

Writer 就 writer 吧，反正也不伤脾胃。有位同行可比我顶真。有人在报纸上介绍他，说了句"他不但是编辑，还是一位作家"。他见了却生了气，拿着报纸特地跑来跟我说："老叶你看看，他们真叫大方，没征得我的同意就给我提了级。"编完集子，我忽然想起了这桩往事，拿起塑料笔就写了四个大字："我是编辑"。

一九九八年四月十二日

《我是编辑》跋

今年四月廿四，我满八十岁。中国少年儿童出版社说要举行祝寿；并建议我编一本集子，交给中少社出版。我说祝寿不敢当，出本集子，我很愿意。于是花了一个半月，赶编了这本《我是编辑》。

《我是编辑》专收近二十年来，我从事编编写写的有关文字，数一数，恰好一百篇，虽说不是全部，相差也不远了。因为内容杂，形式杂，没法分门别类，只好按写作或发表的先后排列。

这样编排也好，正好作为我这个人一向乱七八糟的写照。这二十年来，先是把大部分精力花在科普创作方面，少儿的智力开发方面；后来，着急整理和编辑父亲的文集；近两年，又沉湎于给古诗词配上现成的曲子，说穿了仍旧是编辑工作。凡此种种，都在这本集子中留下了痕迹。

有一件事要说明的，集子中的《一个编辑读〈红楼梦〉》，可以说的还有许许多多，自己也不知道写到哪儿才算了结。当时为了赶编父亲的文集，不得不暂且搁下。希望今后有时间有精力，再逐段细细往下写。

谢谢支持和帮助我编辑和出版这本集子的所有的朋友，以及我的老伴和子女。更要谢谢中国少年儿童出版社。

一九九八年二月十三日

《科普杂拌儿》后记

给孩子们写科普文章，我是一九四五年开的头。一九八八年，才出版了一本自选集——《竖鸡蛋和别的故事》；以后为了忙别的事儿，不再写科普文章了。如今这一本，基本上是那本自选集的简编，内容和形式依旧很杂，依旧是本“杂拌儿”，给孩子们读的《科普杂拌儿》。混在众多的“名家精品”中间，我感到羞愧，觉得很对不起读者诸君。

一九四五年，我开始当编辑，给孩子们编综合性期刊。刊物上什么文章都得有，自然知识、社会知识、文学艺术，等等等等，哪个方面都不能少。如果缺了什么，一时找不到作者，当编辑的就得自己凑上一篇。有时候想到了什么新点子，得自己写一两篇试试，看是否行得通，孩子们读了有什么反应；以后约稿，心中就有了数，不至于瞎提要求，让作者为难。

因为编的是综合性刊物，我哪个方面都得写；写得最多的数科普文章，长的短的，有二三百篇。期刊不同于课本，要系统地介绍每一门科学是办不到的；只能把孩子们引到各门科学的大门口，看一眼里边的世界是多么广阔，多么壮丽；让他们留下一些儿印象，将来好自己选择跨进哪一座大门。

可是我自己，哪一门科学，我都没正经学过；因而不论写什么，都得结合书本知识和生活经验，自己先弄清楚了方敢动笔。我特别注意孩子们的理解能力和阅读兴趣，尽可能写得让他们喜欢读，读得懂。我还尽可能避免采用老师讲课的方式，想方设法诱发他们跟我一同思考。任何问题经过自己思考，方能得到更多的乐趣和较深的理解。

因而我尽可能用文学的笔调来写科普文章，尝试着采用孩子们喜闻乐见的种种文学形式。我还特别注重运用插图，尽可能把插图设计得既美观，又能说明问题。跟孩子们讲科技知识，一幅精心设计的插图，效果往往胜过一大段冗长的文字。

我在前边已经用了好几个“尽可能”。尽可能怎样怎样，只表明我在哪些方面曾着意作过探索和修炼；实践的结果，跟我所追求的目标往往差得很远很远。“眼高手低”，恐怕真个是当编辑的通病。“人生无悔”，恐怕是当编辑的永远无法达到的境界。

也许读者诸君会问我：“你说你写过二三百篇科普文章，为什么选来选去，总也跳不出这三五十篇的圈子呢?”

科学技术的发展越来越迅猛，尤其是最近这二三十年。我的科普文章，绝大多数是二三十年以前写的，在发表的当时确有点儿新意，现在看来却大多陈旧了，落后了，有的还免不了夹杂着一些错误。知识太过时的，错得太离奇的，当然非剔除不可。

我的科普文章又是专为编辑期刊而写的。期刊的时间性特强，得反映出刊当时的社会情况和政治热点。因而有些作品跟时事结合得太紧，现在看来成了历史陈迹，当然也不宜于编进选集。

还有个原因，出版社要求这本选集尽量少用插图。我写科普文章却非常注重运用插图；有些作品竟以图为主，离开了图单看文字，甚至无法理解，当然也只好舍弃，不再编进这本选集。

这篇剔除，那篇舍弃，弄到结果，可供选择的只剩下这三五十篇了。虽然重起了书名，改变了编排次序，这本《科普杂拌儿》仍然了无新意，但愿能得到读者诸君的宽容和谅解。

一九九八年十一月十五日

《父亲的希望》自序

这本自选集，是中国青年出版社约我编的。今年年初，中青社的副总编程绍沛同志来看我，说去年中少社出的那本《我是编辑》，主要选的是我从事编辑工作的体会，这一本可否把范围放宽些，因为好些读者想知道，我父亲是怎么关心我教育我的。他话没说完，我就想起了十多年前发表的那篇《父亲的希望》。我说我愿意再编一本，书名就叫《父亲的希望》吧。

《父亲的希望》书影

我一直生活在父亲身边，父亲按他的希望关心我，教育我：希望我身体比他强壮，心灵比他明澈；希望我能够生产出供人家切实应用的东西来，不要像他似的只干笔墨的事。耳提面命是不大有的，我能记得的，尽是些琐琐屑屑的往事。直到父亲过世，我才突然感觉到失去了依傍——七十年来受到的关心和教育，从此中断了。父亲的关心和教育似乎是无形的，像空气一个样；我无时无刻不在呼吸，可是从没想到，自己生活在空气的海洋里。比喻无论怎样切当，总是个比喻。父亲不在了，我还得工作，还得生活，幸而在琐琐屑屑的回忆中，我还能重温父亲对我的关心和教育；颇有些细微之处，只有上了年纪方能觉察。

话虽这么说，这第二本自选集，并非全都是怀念父亲的琐记。第三本是未必再编了，我得抓住这个机遇，把自认为还见得人的文篇也编进去。结果跟《我是编辑》一个样，成了又一本“杂拌儿”。分门别类是办不到了，只好仍旧按写作或发表的先后编排。这样也好，可以反映我这二十年来头绪纷繁的工作和生活，反映我自己也控制不住的，在大脑网络上跳来跳去的意识波。

中青社对我的照顾真个到了家，稿子约定了，就为制作我这本自选集组织了最强阵容：责任编辑是庄似旭同志，装帧设计是沈云瑞同志，校对请洪光仪同志最后把关。三位都已退休，业务的娴熟自不待说。无巧不巧，在开明书店，他们就是我的同事，都半个多世纪的交情了。总编室主任刘艳丽同志总其成，亲自调度。大家都乐意支持我，叫我感激不尽。

一九九九年六月二十九日

《舒适的旧梦》自序

四十篇记事短文，多一半是回忆，编成了这本小册子。四十篇中数《舒适的旧梦》最短，我把它排在最后，借这个篇名作为小册子的结束语。用《舒适的旧梦》作为书名，是汪稼明同志的主意，他说这五个字，可以大致概括这本小册子的内涵。编者和著者的合作是愉快的，由于双方的意见基本一致。

《舒适的旧梦》书影

封面是我自己设计的。我必须坦白交代：封面上那张蛛网，是我从《子恺画集》的扉页上偷来的。那扉页背面，印着南宋高观国的两句《卜算子》："檐外蛛丝网落花，也要留春住。"可是别误会，丰先生并非给这首词配图，因为坐在蛛网中央的分明是一个人。这个人是谁呢？依我看就是丰先生自己。那么黏在网上的花瓣，自然就是丰先生从生活中捕捉到的，每一个不该忘怀的瞬间；自然就是画集中一幅幅耐人寻味的速写了。

在《子恺画集》中，画阿宝、瞻瞻、软软的速写几乎占了一半。那时我还不满九岁，看了画集才结识了他们三位新朋友，还设想过，他们看到自己给印上了画集，将怎样围着丰先生欢欣雀跃。丰先生还特地给他们写了封缠绵的长信，作为代序印在画集中。信上说，他时时被他们的天真所激动；

又说童年最可珍惜，却谁也挽留不住，就跟挽留不住春天一个样；因而叹息他这本画集，“真不过像‘蛛丝网落花’，略微保留一点春的痕迹而已。”

写回忆常常会半途而废，原因正如李商隐说的：“此情可待成追忆，只是当时已惘然。”于是想起了《子恺画集》，想起了丰先生为阿宝他们回忆欢快的童年，留下了这许多看得见的“春的痕迹”，想起了在画集扉页上，丰先生自己画的那张蛛网。我的思想过程，也是动机就是如此。丰先生如果听了我申说，肯定会拈髯微笑，答应我非分的请求。

二〇〇〇年五月二十一日

《父亲长长的一生》序

这是叶至善先生最后一本著作，也是他最重要的著作。他从八十五岁开始，以每天一千字的速度，花了一年半的时间，写完了这本三十四万字的传记。

《叶圣陶集》头一版共二十五卷，如今添上《传记》和《索引》一卷，成了二十六卷。主意是江苏教育出版社出的。他们说，如此规模的一部个人专集，该有一篇比较全面而且简要的作者传记，让读者阅读某一文篇的时候，能多少了解些作者在写作当时的生活、工作、感触、思绪，岂不是好？又说索引更不可少，某一文篇在哪一卷里，没有索引，叫读者往哪儿去找？第一版的缺漏，如今知道了，就应该一一补上，这才是对读者负责。缪咏禾同志不惮其烦，已经把索引编得了，还不许我谢，说本是责任编辑的分内事。可是该我分内的传记才写到辛亥革命那一年，离完工还远着呐。

传记想尽可能配合前边的二十五卷往下写。有些人和事，在某篇中已经由作者交代明白，我就写得概括些，甚至只略提一下，请读者参看某些文篇就算了。有些人和事，作者未曾提起过，料想读者希望知道，恰好在我的记忆中还有印象，我就适当写上一些。或详或略，说说容易，实做起来分寸很难掌握。专为了练这一手，我两年多来写了不少篇回忆文字，长的五六千字，短的两三百字，最短的数各卷中的部分插页说明；看来成绩平平，进步不大。可是时不我待，传记等着发排，我只好再贾馀勇，投入对我来说肯定是规模空前，而且必然绝后的一次大练笔了。

饭要一口一口吃。这篇传记还得分成好多段，一段一段地往下写。给插页写说明的时候，我绷着一副编者的面孔，实在太吃力。现在写传记，请允许我回到做儿子的位置上，把父亲唤作"父亲"，把父亲的朋友唤作"先生"……所有的称谓都复了原，下笔的时候可以省却一些徒劳的思虑。篇名就用《父亲长长的一生》。父亲活到九十四岁，临终前，头脑尚不糊涂，这一生真活得够长的。

这六百来字，就算作序。

二〇〇三年一月五日

第二辑

写给父亲的书

本辑所收文章源自：
《叶圣陶散文甲集》(叶圣陶著，四川人民出版社一九八三年版)；
《中国现代作家选集(叶圣陶)》(叶圣陶著，叶至善编，香港三联书店一九八三年版)；
《文心》(夏丏尊、叶圣陶著，中国青年出版社一九八三年版)；
《文章例话》(叶圣陶著，三联书店一九八三年版)；
《叶圣陶散文乙集》(叶圣陶著，叶至善、叶至诚编，三联书店一九八四年版)；
《在上海的三年》(叶圣陶写，《新文学史料》一九八六年第一期)；
《叶圣陶作品选》(叶圣陶著，韦商选编，四川少年儿童出版社一九八七年版)；
《叶圣陶读本》(叶圣陶著，叶至善编，上海教育出版社一九八七年版)；
《旅印日记》(叶圣陶写，《散文世界》一九八八年第六期)；
《文话七十二讲》(夏丏尊、叶圣陶编著，上海教育出版社一九八九年版)；
《叶圣陶答教师的100封信》(叶圣陶著，叶至善编，开明出版社一九八九年版)；
《开明国文讲义》(夏丏尊、叶圣陶、宋云彬、陈望道合编，人民教育出版社一九九一年版)；
《鲁翁诗抄：圣陶先生手迹》(夏宗禹编，华夏出版社一九九三年版)；
《一九七六年日记》(叶圣陶写，《新文学史料》一九九四年第一期)；
《中国现代名作家名著珍藏本(教育小说)》(叶圣陶著，叶至善选编，上海文艺出版社一九九四年版)；
《叶圣陶作品精选》(叶圣陶著，叶至善编，河北少年儿童出版社一九九六年版)；
《稻草人》(叶圣陶著，花山文艺出版社一九九七年版)；
《叶圣陶童话故事集》(叶圣陶著，叶至善编，宁夏人民出版社一九九八年版)；
《叶圣陶短篇小说集》(叶圣陶著，叶至善编，湖南文艺出版社一九九八年版)；
《学生阅读经典——叶圣陶》(叶圣陶著，叶至善选编，文汇出版社二〇〇二年版)；
《涸辙旧简——叶圣陶贾祖璋京闽通信集》(叶圣陶、贾祖璋著，叶至善、贾柏松编，福建人民出版社二〇〇三年版)；
《叶圣陶集》(叶圣陶著，叶至善、叶至美、叶至诚编，江苏教育出版社一九八七至一九九四年第一版、二〇〇四年第二版)；
《开明国语课本》(叶圣陶编，丰子恺绘，上海科学技术文献出版社二〇〇五年版)。

另者，《中小学学生作文评改举例》不知哪家出版社何时出版，其前言现从《我是编辑》中选入。

《叶圣陶散文甲集》编后琐记

我们弟兄俩忙了将近五个月，总算把父亲在新中国成立以前写的散文理了一遍，选出了二百一十篇，编成了这本《散文甲集》。编排顺序依据写作的先后，篇末未注明写作日期的就以发表日期为准，好在那时候发表和写作的日期不会相差太远。为了寻找出处和核对日期，好几位朋友给我们帮了忙，商金林同志出力最多，现在集子将要付排，我们衷心感谢他们。

把收集到的父亲的散文按时间一排，我们发现一些颇为有趣的现象：从篇数看，有几年特别多，有几年却寥寥无几，甚至一篇也没有。举例说，一九二五年是大丰收，在“五卅”以后那一个多月内，将近有二十篇；一九二八年却特别少，原因是写《倪焕之》几乎占去了父亲所有的工馀时间。抗日战争开始，父亲的感受很多，按说都可以写成散文，可是寻找的结果，头几年写的并不多，可能先是由于到处迁徙，生活过于动荡，后来又住在乡间，跟文化界出版界比较疏远了些。到一九四四年，处境有了改变，同时民主运动高涨，父亲写的散文突然多起来，内容大多涉及政治，而且反应的迅速又跟“五卅”运动中相仿。这股劲头一直持续到一九四八年底，第二年年初，父亲就由上海动身，绕道香港进入解放区了。我们编的虽然是选集，但是还可以看出这种变化的形迹来。

更有趣的是把父亲的散文按时间一排，我们还发现父亲谈论到的一些问题，别的作者稍前或稍后也谈论过，有的看法十分接近，有的甚至连题目也十分相似。这种情形恐怕只能这样来解释：因为大家关心的事物的面比较广，感觉又比较敏锐，在同一个时期受到的刺激又相同，所以产生了相互类似的反应。题材多样，涉及的方面广，可以说是那时候许多散文作者的共同特点，差别就在涉及的方面不尽相同罢了。我们认为要给那时候的散文作者编选集，应该尽可能反映这个特点，否则不能让读者看到作者的生活和思想的全貌。我们是努力这样做的，凡是父亲涉及的各个方面，我们至少得选上一篇。效果怎样，只有请读者评定了。

父亲再三关照我们，凡是别处见过的，不要再选进这本散文集里去。所谓别处，一是语文教科书，二是近几年出版的各种名目的非个人的选集，三是今年出版的父亲的《语文教育论集》和明年将要出版的父亲的《论创作》，如果都避开不选，要让读者看到全貌就难办了。尤其是谈阅读的和谈写作的，在父亲的散文中占比较重要的地位，总不能因为已经选进了那两本集子就避开不选吧。于是我们跟父亲发生了争论，最后达成协议，尽可能减少重见。对于选不选早期的作品，我们跟父亲也发生过争论。父亲认为他的早期作品见解十分幼稚，文字又很别扭，没有再拿出来让人看的必要。我们说让人看一点儿有好处，可以明白任何人的思想都是逐步发展的，都是跟生活经验分不开的。最后，父亲也同意了我们的意见。我们选出的二百一十篇散文，父亲都看了一遍，作了一些修改，不是改动意思，只是把原来的意思表达得清楚点儿罢了。父亲认为要是改动了意思，那就成了新作，不是原来的作品了。

在这二百一十篇散文中，有一些是集体的或者团体的倡议、声明、公开信之类的文件。这些文件实际上是集体创作，包含着许多人的共同思想。把父亲执笔的这些文件收在集子里，目的在于保存。

叶至善　叶至诚

一九八一年十二月二十八日作

编父亲的散文集*

好些出版社要把我父亲的散文编成集子出版，我父亲总不同意，他说翻来覆去老是这几篇，自己看着都腻了，冷饭越炒越没有味儿。“炒冷饭”是父亲和朋友之间的“行话”，就指把若干篇文章翻来覆去地编集子，编了一本又一本。

一九七六年十月粉碎了“四人帮”，被禁锢达十年之久的“五四”以来的新文学也得到了解放，这当然是值得庆幸的事。许多出版社随即争相出版“五四”以来的作品选集，这种心情是可以理解的。既然选“五四”以来的作品，那就少不了我父亲的。可是在散文方面，无非《记金华的两个岩洞》、《游了三个湖》等几篇游记，稍后出版的可能加上前年写的一篇《拙政诸园寄深眷》，连语文课本也是这样。看来选家们都有爱好游记的倾向，要不，就是我父亲的游记写得特别好了。

在报刊上还常常有分析我父亲的游记的文章，大多是供语文教学作参考的，当然都说写得如何如何好，总之尽量拔高。似乎我父亲的这几篇游记是散文的正宗，要写好散文就得向这几篇游记学。看到这种文章，我父亲就要叹息了：“唉！我成了始作俑者。”

父亲担心的是他的这几篇游记使学生们产生这样的印象：散文就是写些闲情逸致的；要写好散文，必须寄情于山水之间。父亲的担心不是没有根据的，只要翻一翻近来非常时行的学生作文选就可以知道。这种担心我也有。我还有另一种担心，到处是这几篇游记，会不会使人产生

---

* 本文原收在《叶圣陶散文甲集》一书之末。

这样一种印象，我父亲是个散淡闲人，只知道游山玩水。

爷儿俩都担心，相形之下，我的胸怀窄得多了。父亲担心他的游记把学生们引入歧途，我担心的却是光选游记未免歪曲了我父亲：公私判然。但是请不要过于责备我，因为在我的记忆里，父亲写的散文不光是游记。去年看父亲的《语文教育论集》的校样，其中好些篇从内容到形式都不是论文，而是地地道道的散文；今年看父亲的《论创作》的校样，其中散文更多。还看到有人写文章说，在四十年代，我父亲为民主运动写下了不少有力量的散文。那时期的情景，我还记得很清楚；往前推，抗日战争、“八一三”、“七七”、“一·二八”、“九一八”；还有“四一二”、“三二一”、“三一八”、“五卅”……光是日期就有这么一大串。虽然越往前我的记忆越模糊，可是还记得，关于那些日子，我父亲都写过不少文章，若说其中没有一篇散文可以跟他的游记相比，恐怕未必。那些散文没有什么闲情逸致，但是我相信，真情实感是并不少的。

于是我跟弟弟至诚商量，由我们来选编父亲的散文集，各个时期的都要选，各个方面的都要选，各种形式的都要选。说是选，当然由于我父亲的散文并非篇篇值得一看，因而我们不主张出全集，可是我们要选得全面，游记当然要选，好让人们看到游记固然是散文，可是散文不光是游记，写散文不光为陶情遣兴，散文跟游记之间不能画等号，我父亲在游记之外还写了很多别的散文。我们的想法居然说动了父亲，于是弟兄俩就动起手来。

第一步工作是收集材料。我父亲在解放前自己编过三本散文集：《脚步集》、《未厌居习作》和《西川集》，解放后只有一本《小记十篇》，经常被选的游记就在《小记十篇》里。分散在各种报刊上的散文比已经收进集子的多一二十倍。再说从二十年代初到现在，六十年间，发表过我父亲的文章的报刊恐怕不止一百种。我父亲自己已经记不起曾经写过些什么，发表在哪种报刊上。幸亏《新文学史料》丛刊发表了商金林同志编的《叶圣陶年谱》，我们可以按图索骥；真找不到，还可以请商金林同志帮忙。解放前的散文现在已经大体收齐；其中抗战期间的还缺一部分，托人在四川找；还有“五卅”时期的《公理日报》没有找到，上面肯定有我父亲的散文。

收集材料是一件极其困难的事，也是一件极其有味的事，像挖矿似的，挖的时候确实辛苦，挖到之后的高兴也无法形容。常常有这样的事，找到了一篇从没见过的，跟父亲一说，他自己也奇怪怎么会写这样一篇文章，一定要自己看一看。从报刊上复印下来的文章，他怎么看得清楚呢？至诚只好工工整整地用大字抄了给他看。看的时候，他不免作些改动，不是改动原来的意思，是读了早期写的白话文感到有些疙瘩，不顺当，不舒服。渐渐地，这样自己看，自己改，又成了我父亲的日常工作之一。他说，现在这样编倒还有点儿新意；还吩咐我们某几篇可以不要，总之要从严选，宁缺毋滥。我们说，我们要尽可能做到不缺不滥。

滥当然不好，但是我们想尽可能做到不缺。首先是收集的材料越全越好，尽可能少遗漏。第二，在收集材料的过程中我们感觉到，读散文最能看清楚一个作者的世界观和人生观，在主张写真情实感的作者，尤其如此(矫伪的作者在散文中也会显露他的矫伪)。所以作者写到的诸方面，每方面至少要选一篇，这是尽可能反映得全面些的意思。第三，在收集材料的过程中，我们又看了我父亲的朋友们的一些散文，发现有许多共同点：涉及的方面相当广，是其一；写真情实感，是其二；还有，对许多问题的看法大体相同，似乎形成了一种思潮。我们决不敢说我父亲的散文足以代表这种思潮，可是我们想，把这部散文集尽可能编得全面些，也可以让人们窥豹一斑。

解放前的一部分散文，父亲和我们弟兄俩一同加紧干，年底可能完成。已经跟一家工作作风比较最不拖拉的，又愿意花力气帮助我们收集材料的出版社约定，一编成就交给他们出版。年纪越大性子越急，恐怕年轻人是体会不到的。父亲今年八十七，我们弟兄俩加起来也有一百二十了，所以都在加紧干，盼望能早日看到成果。

一九八一年十月十八日

《中国现代作家选集(叶圣陶)》编后絮语

这是我父亲的又一本选集，将在香港出版。我受出版社委托，完成了这本集子的选编工作。出版社规定了选集的格局和字数，还叮嘱说内容得避免“刺激”。所以我选的是父亲在一九四九年以前的散文、童话和小说。

按出版社的要求，还得有一篇作者评传之类的东西，为的帮助读者了解作者和他的作品。评传本来可以请父亲的朋友写，可是料想父亲一定不会同意，他又会说：“你去请人家评论我和我的作品，无非要人家称赞几句，说几句好话。我看不大合适。”那就我自己写吧，想想也不合适，哪有儿子给父亲写评传的？看来评传只好阙如了。我想“传”的部分好办，只要在挑选作品的时候注意点儿，使读者诸君能大体知道我父亲的生活经历，这就够了。至于“评”，这功夫让读者诸君自己去做吧。对于作品，各人可以有各人的体会；高明的指点固然可供参考，但是不看评论而直接面对作品，更有鉴赏的自由。这是父亲一向的主张，不知读者诸君是否认同。

了解一位作者的生活和思想，我认为最直接而且可靠的，是阅读作者的全部散文。可是这本选集字数不得超过二十万，我只能在这个划定的圈子里跳舞，散文只选了三十篇。好在有一篇《过去随谈》，父亲把他在三十六岁以前的经历大体都谈到了；三十六岁以后的，我选了几篇片段的生活记录。读者诸君读了这些篇，稍稍费点儿心，用附在后边的简要的年表作为经线，把所得到的零星印象串在一起，对我父亲的生活和思想也可以知道个大概了，说不定比读一篇评传还稍为具体点儿。

关于创作方面，我选了父亲的《随便谈谈我的写小说》。在这篇散文里，我父亲谈了他开始创作的动机，谈了他对于文艺作品的社会作用的认识。我父亲写过许多指导阅读和写作的文章，虽然主要讲方法，其实都离不开他的文艺观，所以我也选了一些。我希望读者诸君读了这不多的几篇，对于我父亲的创作态度和创作方法，可以有个大体的了解；如果要进行研讨，也好有个初步的依据。

我还特地选了父亲纪念几位老朋友的作品。因为我想，这几位先生都为新文学尽过力，读者诸君一定很愿意了解他们。再则，我父亲生活在他的朋友中间，彼此如切如磋，相呴相濡，读者诸君一定很想知道他们之间的情谊和交往。此外，我也有点儿私心，想借此表示我对这几位我所尊敬的前辈的怀念。

所选的三十篇散文，大约有一半只发表在报刊上，后来没编入集子。读者诸君看了，可能还有点儿新鲜感。

童话选了八篇，都是从一九七九年版的《〈稻草人〉和其他童话》中选出来的。我父亲写过五十来篇童话，为什么不多选两三篇呢？因为没编入那本童话集的，都还没经过整理。

我父亲有个习惯，旧作品在编成集子之前，他都要作一番整理，把别扭的句子顺一顺，把冷僻的词儿换掉，对早期的作品尤其不肯马虎。父亲说他在学校里读的是文言，写的也是文言。“五四”前后，他提倡写白话文，写出来的其实是“四不像”：文言的成分还相当多，一时改不过来；又掺杂了一些外国腔调，是从当时那些生硬的翻译文章学来的；再加上一些旧小说和旧戏剧中的古代的口语，还有别地方人不能懂得的苏州方言。这样的“四不像”的文字不整理一遍，教人家怎么读得下去呢？无意之中还给推广普通话造成了障碍。所以在一九五八年三卷本的《叶圣陶文集》出版之前，父亲把他的小说几乎全部整理了一遍。去年秋天，我和弟弟至诚整理一九四九年十月以前的散文，父亲把我们挑选出来的各篇都仔细改了一遍，只改动语言而不变动原来的意思。父亲说如果变动了意思，那就不是原来的文章了。

对于童话，父亲对文字的要求更加严格。童话是给孩子们读的，既要顾到他们的阅读能力，又要帮助他们养成良好的语言习惯。他要把童话改得念起来就是说话，让孩子一听就懂，没有一点儿疙瘩。有几篇童话在修改之后，他还要请擅长说普通话的朋友给他校正。这个功夫就花得大了，所以直到现在，还只整理了《〈稻草人〉和其他童话》中的十五篇。我想抓紧时间帮父亲再整理出若干篇来。许多朋友也催促我，说多花点儿功夫是值得的。

选完了散文和童话，一算字数，二十万已经去了一半，再选小说就舒展不开了，结果只选了十八篇。《一生》是现在找得到的我父亲最早用白话文写的小说，当然得选；《潘先生在难中》和《多收了三五斗》经常有人提起，不能不选；《赤脚的脚》，我见到的写孙中山先生的小说，只有我父亲的这一篇；《一个朋友》和《皮包》，在我父亲的短篇中形式比较别致……总之，为什么选这十八篇，我篇篇都说得出理由来，向读者诸君是交代得过的。关于小说部分，我要说的只有这么一些。

最后还要说一件事。新近看到一篇评介我父亲的文章，作者是我父亲的一位朋友，她久居海外，不通音信。她在文章中说，我父亲自一九四九年起没有什么文学活动，不再有新作品发表。我得郑重声明，这不是事实。在以后的三十几年中，我父亲写的散文有好几百篇，我和弟弟正在收集整理。其中有好些是评介新人新作的，可见他对文学事业的关切，至少不亚于他代郑振铎先生主编《小说月报》的那些年月。在最近出版的《叶圣陶语文教育论集》和《叶圣陶论创作》中，都选入了这些文章的一部分；去年上半年，我父亲还写文章称赞新凤霞的回忆录有她的独到之处。这些话跟这本选集没有多大关系，不说也可以；只因为所选的都是父亲的旧作，有可能使海外的读者诸君产生误解，似乎还是说一说好。

一九八二年二月

《文心》重版后记

《文心》曾经是一本很受欢迎的书，一九三四年由开明书店出版，再版好多次，解放后没有重印过。中国青年出版社最近决定重新排印，要我写一篇后记。因为这本书的两位作者是我的岳父和我的父亲，而且在解放前后，我曾经在开明书店的编辑部工作，知道的事儿稍多一些。

我首先要把这个消息告诉关心《文心》的许多先生和许多朋友。三十多年来，他们常常问起这本书，带着怀念甚至惋惜的心情。有人跟我说："讲语文教学很难切合实用又具有吸引力，像《文心》这样的书，不应该停印。"这句话的后一半可说错了，事实上并没有谁作出过停印《文心》的决定。解放之初，开明的编辑部还问过我父亲（我岳父已经在一九四六年去世了），《文心》如果重印，是否需要作一些修改。当时我父亲很忙，把这件不急之务搁了下来，没有马上答复。后来开明跟青年出版社合并，成立了中国青年出版社，就不再提起这本书，一直到现在。类似的事儿大概还有吧，总不止《文心》一本，似乎有必要作一番整理，把还有点儿用处的书重新排印出来。

《文心》写在三十年代前期，当时我的岳父和我的父亲正在编《中学生》杂志。他们看到中学语文教学（当时叫"国文课"）有不少问题，于是商量写一本专讲读和写的书，跟青年读者谈谈这些问题。他们轮流执笔，每月写一节或几节，在《中学生》杂志上连载，花了一年半功夫按计划写完；然后出版单行本，封面上除了《文心》这个书名，还有个副题：《读写的故事》。陈望道先生和朱自清先生为《文心》写了序。陈先生说这本书的特点是"把关于国文的抽象的知识和青年日常可以遇到的具体事情融成了一片”。朱先生说“书中将读法与作法打成一片，……不但指点方法，并且着重训练”，还“将教与学打成一片，师生亲切的合作才可达到教学的目的”。两位先生说的都是实在话，要不然，《文心》怎么会这样受欢迎呢？语文老师把这本书介绍给他们的学生，许多失学青年把这本书看作不在面前的语文老师。

《文心》从出版到现在将近半个世纪了，书里讲的虽然是三十年代语言教学上的问题，现在看来还切合实用，因为有些根本问题至今还没有完全解决。举例来说，有人认为阅读的目的就只为练习写作，因而专在摹仿技巧和积蓄词汇方面下功夫；有人认为练习写作的目的是搞文学创作，只要学会了技巧，积蓄了词汇，就可以当作家：他们不知道读和写都是做好工作和料理生活所不可缺少的技能，因而必须在中学阶段加强训练，打好基础。这种情形在过去的五十年间并没有多大改变。至于教和学的方法，五十年前行之有效的，现在大致还有用。目前语言教学的水平不能提高，原因不外乎两个：一是没把教学的目的弄清楚，二是采用的方法不得当。《文心》主要讨论的就是这两个方面的问题，所以在今天看来，还可能给青年读者和语文老师一些帮助。

我的岳父和我的父亲都认为一个人无论学什么，要学得好，能终身受用，得靠自己努力。所以在《文心》中，他们写的学生都是积极好学的，都把学习看作一件最愉快的事儿，学生所以能这样，老师起了主导的作用。语文老师把主要的功夫下在诱导方面，启发学生在阅读和写作的实践中发现问题，并且鼓励和指点他们自己去讨论，自己去解决，而决不贪图省力，把现成的答案灌输给学生了事。要老师这样教，学生这样学，看来都近乎理想。但是我想，理想不等于空想，经过努力该是可以实现的。如果各门功课都这样教，都这样学，学校里一定会出现一种生动活泼的局面，教学质量的提高就大有希望了。

还有一点可以说的，我的岳父和我的父亲都主张思想品德教育应该贯穿在教学的全部活动中，所以他们笔下的语文老师不光是教语文，还随时注意以自己的言行影响学生。他做事认真，为人诚恳，对学生平等相待，有问题共同研讨，从不把自己的意见强加于学生，所以学生都亲近他，敬佩他，把他看作榜样，毫不勉强地乐意学他。如果学校里的老师都能这样以身作则，就会蔚成浓厚的精神文明的气氛，使学生随时随处受到熏陶。

《文心》是用故事体裁写，故事的时间是一九三一年初秋到一九三四年夏天，取材于初中学生的生活，写到的几个学生出身于职员家庭和教员家庭。我就是在那几个年头念的初中，所以对书中所写的时局和生活都感到亲切。当时的初中学生跟现在的相比，在某些方面似乎成熟得早了些：日本军国主义的侵略，社会经济的凋敝，家庭生活的困难，失学和失业的威胁，使他们不得不忧虑重重。现在的青年看到这些，如果认真地作一番今昔对比，受益一定不浅。有的读者还可能第一次知道：原来在解放前，知识分子的境遇大多不怎么样，只是一群受损害的自己无法掌握命运的可怜虫。

一九八二年六月

《文章例话》重版后记

《文章例话》本来是开明书店编印的《开明少年丛书》中的一种，一九三七年二月初版，到一九四九年，曾经再版十次左右，总印数大概在三万四万之间。在抗日战争爆发后的版本中，曾经抽出了《小河》，改选了《给修筑飞机场的工人》；现在恢复原样，把谈《给修筑飞机场的工人》这一篇作为附录。既然有了附录，又在附录中加选了谈翻译文章的两篇，都是从解放前文光书店出版的《国文杂志》中找到的。

读者读了这二十几篇"例话"，一定会注意到两点。一点是用来作例子的文章全是现代文，原来从现代文中也可以悟出阅读和写作的许多道理，也可以学到阅读和写作的许多方法；不一定非求诸文言文不可。另一点是"例话"阅读和写作并重，并不把阅读仅仅看作学习写作的途径和方法；在谈文学作品的时候，这种态度尤其鲜明，主要讲如何理解，如何体会，如何从中学习一般的写作方法，而不讲什么文艺创作。

在重印之前，我父亲把这本书的序作了仔细的修改。他对这本书总觉得不满意，原因有种种，其中之一，就是他现在对语文教育的某些想法，跟四十年前不尽相同了。这是不可避免的，他希望读者读这本书的时候能注意到这一点。

一九八三年一月十八日

《叶圣陶散文乙集》编后琐记

我们弟兄俩编父亲的散文集，是一九八一年夏天开的头。先选编建国以前的，当年年底就完工了，交给了四川人民出版社，就是去年年底跟读者见面的那本《叶圣陶散文甲集》。我们用“甲集”这两个字向读者预告，后面还有《乙集》、《丙集》，我们按着写作时间的先后，还在逐年往下编哩。

今年三月下旬，父亲感到身体不舒服，进医院检查，发现胆囊又出了问题，四月十七日再次作手术，把胆囊割除了，彻底去掉了这个隐患。医疗的经过很顺利，可是父亲究竟年纪大了，体质和精神的恢复都比较缓慢，医生再三叮嘱出院之后还得好好休养，把写文章的事暂时抛开，再动笔至少得在半年之后。我们就借此告一段落，把已经选定的一百八十九篇编成“散文乙集”。“乙集”跨的年代比“甲集”长，从建国开始到今年春季，前后共三十四年半；中间却有十三个年头是空白，从一九六四年到一九七六年，连一篇也没找着。我们就以这段空白作为界线，把“乙集”分为上下两辑，好让读者注意到这么回事。至于这段空白是怎样出现的呢？先是“三年困难”，纸张跟别的物资一样，也短缺得厉害，许多报刊只好停刊，剩下的少数大多缩减了篇幅。记得从一九六二年起，就不大有人上门来约稿，后来几乎绝迹了；父亲即使自己有兴趣写，也未必有地方发表。等到国民经济稍见好转，“十年浩劫”就跟着来了，大家有话没法说，也没处说，父亲不能例外。这十三年的空白倒从反面说明了一个道理：坚实的物质基础和生动活泼的政治局面，这两者都是繁荣创作以至发展文化的不可或缺的条件。

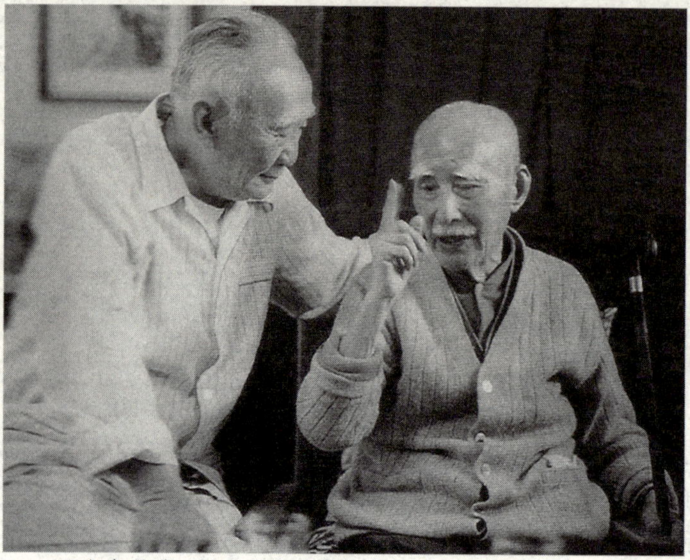

父亲在嘱咐。摄于父亲过世前约半年。父亲听我念了一封不相识者的来信，吩咐我如何逐条作答。（至善记）

“乙集”的选编准则还是先前的两条：一是尽可能做到“不缺不滥”，凡涉及的方面都不要遗漏，又要选得精一点儿；二是尽可能“避免重见”，语文课本和别的集子已经选过的，最好不要再选。原则虽然没有变动，我们在执行中不免放宽了点儿。父亲的视力近两年越来越坏，写东西越来越困难，戴着深度的老花镜还看不清笔尖在纸上究竟怎样移动。父亲写字才真叫“默写”：他左手拿一把尺子按在稿纸上，右手拿着笔，手腕靠着尺子，完全凭熟悉和记忆，把字一个挨一个画在尺子的上方，笔画曲里拐弯，有时候还两个字叠在一起。每写完一句，放下笔拿起放大镜，把稿纸凑近电灯仔细读一遍，读到不顺心的地方就放下放大镜，拿起笔来修改——除了修改文辞标点，还要修改那些教人看不清楚的字；改完一句，还得拿起放大镜来逐字检查。写成一篇东西真不容易，教我们怎么能随便舍弃呢？因而很可能选得“滥”了点儿。至于“重见”，有位先生持不同意见，认为不该避免。他特地给我们来信，说他既不是语文教员，又不研究创作，语文课本、“语文教育论集”、“论创作”，他都不曾翻过，因而对他来说，不存在什么“重见”的问题；还说像他那样的读者一定不少，有些篇散文因为“避免重见”而不选进散文集里，会使他们感到遗憾。

这位先生说的也有道理，对于“重见”，我们就稍稍放宽了点儿。尤其是父亲为几位过世的老朋友的集子写的序和跋，虽然都收进了新近出版的“序跋集”，我们还不忍舍弃。“一死一生，乃见交情。”可能有的读者受了这一句古代的民谣的影响，很想读一读那样的散文，有的即使读过了，再读一遍也不至于厌烦。

在这两年多的时间里，我们还陆续收集到父亲在建国以前写的四十来篇散文。我们选出了二十六篇，作为“甲集”的“补遗”附在“乙集”后面。这样做法有个好处，让没有见到“甲集”的读者可以窥豹一斑，有兴趣的话，还可以跟“乙集”作个比较，看看在建国前的各个时期写的，跟建国以后写的有什么相同之处和不同之处。可是加上“补遗”，“乙集”的篇幅就超过了“甲集”，未免厚了点儿，读起来可能不太方便，这也无可如何了。

我们祝愿父亲健康长寿，几年之后又能积攒下许多篇散文，我们就可以接下去编“丙集”了。从“甲集”和“乙集”看，父亲写散文至少有一半是应报刊的约稿，要不是编辑同志鼓动，其中有些篇就不一定写了。命题作文是桩苦差使，我们弟兄俩都有亲身体会：有时候碰僵了，实在想不出什么新的意思，眼睁睁地对着题目硬是无话可说，真是苦不堪言。我们并不反对约稿，因为对作者来说，约稿不失为一种推动力。只是希望题目出得宽一点儿，或者只大致划个范围，让作者在构思的时候有回旋的馀地。限期要尽量放宽，最好能允许作者哪一天写得就哪一天交稿。有的编辑同志挺有本事，他们把作者的心思完全摸透了，知道作者对哪个问题有话要说，而且非说不可；他们决不强作者所难，决不把自己的意图硬塞给作者；他们用不着纠缠，用不着催逼，而约稿往往能得到成功。我们祝愿父亲今后遇到的都是非常善于约稿的编辑同志。

我们能够把父亲几十年来写的散文收集起来，主要靠朋友的帮助，商金林同志花的工夫尤其多，我们由衷地感谢他们。我们把“乙集”交给三联书店出版，因为三联就在北京，离我们家又近，想到什么要商量，骑上自行车十分钟就能到，免得书信往返，有时候教人等得心焦。

一九八四年五月

重印《开明国文讲义》后记

《开明国文讲义》停版已经三十多年，现在重排付印，出于以下三个方面的考虑。

第一，这部讲义是供青少年自学用的，青少年不用老师指点，能够自己读下去——读懂一百三十多篇选文，学会阅读和写作的一般方法，知道一些语法和修辞的常识，还有中国文学史的常识；如果认真自学，语文程度可能不差于中学毕业的水平。现在提倡自学，正需要这样的专为青少年自学而编写的讲义。

第二，编写这部讲义的夏丏尊、叶圣陶、宋云彬、陈望道四位先生，都热心教育事业，对语文教学都很有见地，这是大家知道的。半个世纪前他们的合作，可以说是语文教材编写史上难得的一次盛会；而这部讲义，可以说是他们当年对语文教学改革的一次实验。如果研究四位先生的语文教育思想，研究教材的编写方法和教学方法，这部讲义有一定的参考价值。

第三，这部讲义是开明书店在三十年代开办的函授学校的讲义。开明书店开办的二十多年中，对语文教育的贡献比较显著，单说中学课本就出版了不下十种。各种课本的编辑体例各不相同，目的却是相同的，都为了探讨语文的教学方法和教育理论；而其中供青少年自学用的，只《开明国文讲义》一种。现在重印这部讲义还有点儿纪念的意味，因为一九八六年是开明书店创建六十周年。

下面附带说一说开明书店开办函授学校的经过。

“一·二八”事变之后，失学的青少年越发增多，开明书店决定开办函授学校，帮助他们自学普通中学的全部课程(甚至包括体育)和一些谋生必需的技能(如珠算和应用文)。一九三三年夏季，函授学校开始招收学员，先办初中班，以半年为一期，一年半结业，共收费十八元，进度比普通中学快一倍。每月发给学员讲义一册，作业本一册。各册讲义都以《讲坛》开头——《讲坛》相当于校长在全校集会上讲话，第一册就讲《自学的精神》。后面是各科课程的讲义，每科若干节，约略相当于普通中学两个月的进度，后一册与前一册衔接。讲义除了发给学员，还以“开明中学讲义社”的名义公开发行。作业本配合讲义，分练习、笔记、质疑三个部分；学员做完之后，如果要求批改答复，要交批答费，一年半也是十八元。两项费用一共三十六元，只相当于私立初中三个学年所收的学杂等费的六分之一。

开明在那个时候办函授学校，正符合社会的需要；收费不多，还有分期交付的办法；校长和讲师(负责编写讲义和批答作业本)是青少年信得过的人，在著作界教育界大多有些名望，所以报名入学的学员很多，而且多数要求批改作业和答复质疑。作业本源源不断涌来，十多位讲师如何招架得住，只好请许多中学教员在课馀帮忙，一方面不再招收新的学员。十八本讲义如期出齐之后，函授学校就停办了，对已经入学的学员都做到了善始善终。后来把讲义按课程归类，作为单行本出版发行，《开明国文讲义》就是其中的一种。

现在看来，开明当时办函授学校的设想是可取的。可是规模这样大，课程这样多，要认认真真地办，必须有社会各个方面的协作和支持，单靠一家出版社的力量是一定维持不下去的。

一九八五年一月

《在上海的三年》的按语

三年前，花城出版社出版了我父亲的《日记三抄》，抄的都是旅途中的日记，前两“抄”还是新中国成立以前的。《东归江行日记》是抗战胜利后，从重庆乘船顺流而下的一段，共四十七天，抄到一九四六年二月九日到达上海为止。《北上日记》是绕道香港进入解放区到达北平的一段，共七十八天，从一九四九年一月七日离开上海抄起。现在发表《在上海的三年》，正介于这两段日记之间。当时，我父亲在开明书店主持编辑部的工作，又代老舍先生主管文协的总务，跟文艺界、学术界、教育界、出版界的人士有许多交往；上海在解放战争时期的民主运动，我父亲大多参加了，在日记上留下了记录。读者凭借这些简略的记录，也许可以印证一些资料，发现一些线索。我打算在今后的三年内，每个季度抄三个月的日记给《新文学史料》发表，每期约三万字。写日记的日期跟发表的日期正好相隔四十年，这是个无意的巧合。按期阅读《新文学史料》的读者可以记住：您现在看到的，正好是发生在四十年以前的事。

一九八五年十月

是作家，又是教师
——《叶圣陶作品选》前言

亲爱的小读者，让我先介绍一下这本集子的作者，叶圣陶老先生。他是一位作家，又是一位教师。

叶圣陶老先生今年九十二岁了。他是江苏苏州人，生在一八九四年。你可以问问你的爸爸妈妈、爷爷奶奶，还有你的老师，他们都知道叶老先生，还会告诉你，他们小时候就读过他写的文章，读过他编的书，受到过他的教育。

叶圣陶老先生小时候，家里比较贫穷。他先在私塾里念古书。后来苏州开始办小学，他就进了小学，除了念古书，还学数学和常识。再后来，苏州办起中学来，他小学没毕业就考上了中学。那时候，咱们中国受帝国主义欺负，清朝政府又非常腐败。叶老先生和他的同学们一样，很关心国家大事，巴望孙中山先生领导的革命能够成功，中国能够马上富强起来。

辛亥革命那年，叶老先生正满十七岁。第二年，他中学毕业，跟许多青年一样，想为国家干一番事业。他的校长却介绍他去当小学教员。告诉他说这是一桩切实的工作，要使国家强盛起来，一定要从教育人才做起。叶老先生经过几年的磨炼，才安下心来当教员。他对当时的教学内容和教学方法很不满意，就和几位志同道合的朋友一起，作了许多改革的尝试。

几乎跟当教员同时，叶老先生开始在报纸和期刊上发表文章。不久，五四运动爆发了。叶老先生虽然在苏州的乡下，也积极参加了这场要民主要科学的新文化运动。他跟朋友们一同发起成立了文学研究会，一起提出了“为人生”的口号，意思就是说：文学作品的目的是改进人的社会生活和精神生活。他写了不少文学作品，包括诗歌、童话、散文、小说；

编过好几种文学刊物。

叶老先生非常注意自学。他说自学不光要读现成的书，还要读没有写出来的书。没有写出的书就是指一切社会现象和自然现象，要通过自己的生活，用心去体念，去观察。还要善于向朋友们学。对于写作，他说一定要写自己的所见所闻，所感所思，一定要自己有了体会，并且想清楚了才动笔写。

叶老先生当过小学教员、中学教员、大学教员，但是更多的时间是当编辑。他编辑的书籍和刊物大多是给青年少年和儿童看的，他通过书籍和刊物，孜孜不倦地教育着一代又一代的年轻人，鼓舞他们跟反动势力作斗争。解放以后，他主要负责中学小学教科书的编辑出版工作。现在虽然九十多岁了，身体比较衰弱了，还一直关心教育事业，经常恳切地为教育改革提出他的意见。

下面再介绍一下这本集子。

这本集子分四个部分。第一部分是诗歌，一共十首，都是从叶老先生在抗战前编写的小学课本中选出来的。十首中有七首是描写自然风景的，还有两首写的是学校生活，一首反映了一九三二年“一·二八事变”上海的抗日战争。第二部分是童话，叶老先生是我国最早写新童话的作家，有一个集子《〈稻草人〉和其他童话》早已出版了，其中的《蚕和蚂蚁》、《古代英雄的石像》两篇，语文课本都选用过。这本集子选的十篇，没有一篇跟那本集子相重复；都是抗日战争前写的，反映的都是旧社会的生活。

第三部分是散文。叶老先生的散文有几篇也是语文课本上常选用的，这本集子选的十五篇，都避免了跟语文课本相重复。散文又分为两部分：前一部分是叶老先生写自己的生活的，一共八篇；最后的三篇游记是解放后写的，歌颂了新中国的新面貌。叶老先生还给青年和少年儿童写过不少指导如何做人如何作文的文章。在这些文章中选出了七篇，作为散文的后一部分。

第四部分是小说，一共七篇，最后一篇写在抗日战争中，其馀六篇，写作的年代更早一些。读的时候要记住，这些小说都写的旧社会。尤其是《小妹妹》和最后的四篇，跟咱们现在的生活一比，咱们就知道为什么社会主义好，为什么新中国这样可爱。

韦　商　一九八六年一月

《叶圣陶读本》前言

上海教育出版社约我编一本我父亲的集子，说是《中学生文库》中的一本，几位老一辈的作家都有了，缺了我父亲的一本似乎不大好。又说要编不如让我来编，因为我比较熟悉我父亲的文章。

话说得这样恳切，我只好答应。我问怎么个编法，回答是选若干篇文章；每篇作一些帮助读者理解的说明。

编集子的目的很明确，是供中学同学自己阅读的，编法又很自由：我就动起手来，选了十篇童话，十篇小说，十六篇散文。选的时候自己定了个标准：内容的方面要广一些，杂一些，要适合中学同学阅读，读了多少能让他们得到点儿好处。可是实做起来，难免掺杂了一些我个人的爱好。语文课本选用的那些篇，有的曾经课本的编辑同志作了删节，我看都不错，因而照样作了删节。

十篇童话和十篇小说，都按写作的时间先后排列。散文部分换了个办法：前头六篇作为一组，算是抒情散文吧。中间四篇又是一组，从内容和形式看都是很普通的说明文和记叙文，我认为可以供中学同学在练习写作的时候摹仿的，是这一路文章。最后的六篇又是一组：两篇是指导阅读的，四篇是指导写作的，从这六篇文章中(当然还有别的许多文章)，我得到的好处不少，所以乐于推荐给各位中学同学。

文章选定之后，我给每一篇都写了若干条注释和提示。给一篇文章作注释，无非为了帮助读者读懂这篇文章。哪些地方得加注，注到如何程度，我是以中学同学的一般的阅读水平来决定的。许多词儿的解释，字典和辞典上都有，本该让读者自己去查，也好借此养成查字典查辞典的能力和习惯；为了同学们阅读方便，我还是加了注。可是话得说清楚，字典和辞典是自学的必不可少的工具，我希望中学同学都能掌握运用字典和辞典的本领。还有一点得说明，我作的注有一些跟字典和辞典上的解释不尽相同，还有一些是字典和辞典上找不着的，我写的只是我自己的理解。我作的注确当不确当，得请读者根据前后文的思路自己分辨。

我写的提示有的说明写作的时代，有的揣摩写作的意图，有的是读到某处觉得很有意思，就记下了一笔，请读者停下来也想一想。跟写某些注释一个样，这些提示是凭我自己的理解写的，也不一定正确，得请读者通篇读完之后自己分辨。也许有人会问："你就在你父亲身边，问一声不就明白了吗?"我不愿意这样做。父亲对我说过：一篇作品写完了，作者用不着再作什么解释，因为他的意图已经用他的作品表达出来了；如果读者不能理解，不是作者自己没写好，就是读者没读懂这篇作品。所以我读父亲的文章，从来不问他为什么要那样写。父亲的这句话给我的好处不小。阅读的时候，我总努力通过对文字的理解去体会作者的想法；写作的时候，我总想方设法使读者能够通过我写的文字来理解我的想法。我愿意把父亲的这句话介绍给各位中学同学。

我在提示中没涉及篇章结构。讲篇章结构固然能帮助读者增进对作品的理解，像我父亲写的《〈孔乙己〉中的一句话》那样；可是一般都着眼于指导写作，给读者指点摹仿的门径。文艺作品如童话小说之类不是人人必须写的，不一定要摹仿；况且没有足够的生活基础，要摹仿也难。读得多，读得仔细，对写作当然有帮助，可是在读的时候，还得着眼于理解。前边说过，所选的十六篇散文中有四篇是很普通的说明文和记叙文，可以供中学同学摹仿。可是又得把话说清楚，要提高写作能力主要不能靠摹仿，写作的材料应该是自己的所见所闻所感所思，怎样把这些材料组织起来写成文章得自己考虑，没有现成的模式。这些道理，可以参看我父亲写的《临摹和写生》。

下面姑且说一说这四篇说明文和记叙文的篇章结构。

《几种赠品》写了四种赠品，每一种用两段文字：一段记赠品是怎么得到的，还记了跟赠品有关的一些琐事；一段写赠品是什么样子的，还写了作者从赠品得到的感受。这四种赠品相互之间可以说没有联系，写了一种再写一种，条理容易清楚。写完了八段，然后归总，说这四种赠品都“浸渍着深厚的情谊”。正因为有这么个共性，作者才把这四种赠品合在一起写。这一层意思已经渗透在前边的八段文字中了，最后点一点明白，正好作为结束。

《游了三个湖》把玄武湖、太湖、西湖作了比较。开头一段交代了“这回到南方去”的旅程，说明这三个湖都是旧游之地；那么这回写的，当然都是新的感受。紧跟着有两段，编进语文课本的时候给删去了：一段说西湖正在疏浚，玄武湖已疏浚过了；一段说各处都很整洁，跟解放前大不一样。往下就按照旅程的次序，玄武湖写了一段，太湖写了一段，西湖写了两段。在写玄武湖的一段里，风景描写极少，主要写了因城墙而引起的想法，把边上有城墙的玄武湖和城墙已经拆除的西湖作了比较。写太湖的一段主要描写风景，没有明说跟玄武湖相比怎么样。可是作者着意作了这样的描写，就可以让读者知道，太湖跟玄武湖很不相同。写西湖的两段，前一段是跟太湖相比较而说的，后一段写西湖上苏堤的风景。只写苏堤而没写别处，因为这一回去西湖，苏堤给他留下的印象特别深。原来后边还有两段，也在编进语文课本的时候给删了：一段写离西湖不远的灵隐的风景，一段对风景区的树木修剪发表了一些想法。写完就完，没有一个总结性的结尾。感受本来是零零碎碎的，很难归结为一两句话，硬要装上一个尾巴，反而是多馀的了。

《记金华的两个岩洞》是一篇游记。记叙文，包括游记在内，一般按时间的先后顺序往下写，脉络容易清楚，这一篇就用的这个写法。开头一段作者交代了日期、地点，还交代了岩洞有三个，他只到了两个。交代完了，先写双龙洞，从到洞口、进洞，直写到出洞为止。接着写冰壶洞，也是这么个写法。在写双龙洞的时候，插进了一段岩洞成因的说明，很有必要，插得也正是地方。从篇章结构来看，这篇游记既普通又平常，没有什么可说的了。可以注意的是作者着重写的，都是自己的感受。导游的工友沿途给他指点，他有同感的就写，如对冰壶洞中的瀑布的描摹；没有同感的就不写，如因石钟乳和石笋的不同形状而说这是什么，那是什么。作者没有用一句陈词滥调，什么“千姿百态”啦，什么“美不胜收”啦，一句也没有，他用自己的话来写他自己的感受。

《苏州园林》本来是为一本画册写的序，是一篇说明文，说明这本画册的内容，为了给读者欣赏画册中的图片作些指点。第一段说苏州园林之多，说苏州园林在我国园林建筑中的地位，说要鉴赏我国的园林就不该错过苏州园林，等于说得看看这本画册。紧接着的两段说苏州园林在设计上的特色。有人要问："为什么苏州园林错过不得呢?"这两段从总体上作了回答：一段从苏州园林的本身说，"游览者无论站在哪个点上，眼前总是一幅完美的图画"；一段跟我国的古代建筑作比较，不是讲究对称的图案画，而是要求自然之趣的美术画。作过总体上的提纲挈领的指点，再作具体的形象的指点，就是接下去的六段文字：三段写大家都见得到的，三段写比较容易忽略的。三段对三段，恐怕不是故意的安排。结尾一段说苏州园林的好处还没说完，意思是提醒读者：看这本画册的时候，还可以随处有所发现。

按照惯例，我还得介绍一下作者。我想说得简单点儿，因为语文课本上都有我父亲的小传。我父亲生在苏州，今年足九十二岁。他中学毕业后当小学教员，后来教过中学，教过大学；当编辑的年头最长，主要给中学生小学生编刊物，编课本，编课外读物。他二十岁左右开始发表文章，小说、童话、散文、诗歌、论文，他都写。人家说他是这个家那个家，他都不承认，他说他"做人，平平，写文字，平平"。小传总要讲他过去担任过什么职务，现在担任着什么职务，我看对理解他的作品都不相干，在这儿不提了。要理解一位作者，最好的办法是读他的作品，就请各位读者开始往下读吧。

一九八六年十二月三十一日

《旅印日记》的按语

《散文世界》问我，我父亲留下什么未曾发表的散文没有。我回答说，现在没找到，大概没有；如果一定要刊登我父亲的遗作，只好抄一段日记充数。说定以后，我选了父亲在一九五六年年底，去印度参加亚洲作家会议的一段日记，让儿子三午儿媳兀真两个抄了下来；近两万字，看来只好分期连载了。

这段日记自父亲离开北京开始，到返回北京为止，前后二十四天。母亲那时病得很重，父亲在日记中随处记下了忡忡不安的心情。母亲患的是癌症，一九五四年六月动过手术，割除了病灶；第二年秋复发，第三年三月再动手术，癌症已扩散，无法再割除。这无异于宣判死刑。医院和家属相约，编了些谎话瞒住病人。看来母亲也猜到了自己的病，只是不说穿罢了；要不然，她不会把照料祖母的事嘱咐给我姑母，照料父亲的事嘱咐给满子的。死刑已经判定，大家互不说穿，都盼着缓刑期尽量延长。母亲承受着病痛折磨，家里人除了祖母(祖母老得糊涂了)，都愁得不得了，尤其是父亲。

那年十二月，作协要组织一个代表团，去印度参加亚洲作家会议，十八日动身，问我父亲愿不愿参加。我们都怂恿父亲去：他这样日夜犯愁，我们看着都不忍，让他离开二十来天，同行的又大多是熟人，也好稍稍摆脱点儿；看母亲的病况，暂时还不会出事。母亲也怂恿父亲去，看来跟我们一个想法。父亲对生活上的事，一向拿不定主意，母亲和我们都这样劝他，他勉强答应了，极其勉强地答应了。于是跟我们说定，哪一天向他报告母亲的病况，电报打到哪儿，信寄到哪儿。我们按说定

叶至善先生在家中的卧室兼书房里工作，这是他一年四季工作时的常态。照片大约摄于一九九三年盛夏，当时至善先生正在整理父亲叶圣陶先生的日记。他自己写的照片说明是："我并非抄书，抄的是父亲在出版总署工作期间的日记。"他左手边放着的发黄了的本子，就是圣陶先生的日记本。

的办，一天不差，日记中都有记载。

父亲从印度回来是第二年的一月十日，母亲的病况跟他离开的时候差不很多；这次远游，总算没造成终身遗恨。隔了五十天，三月二日下午，母亲终于永远离开我们了。

害怕着要来的事终于要来的，四十天前，父亲也永远离开我们了。回想《东归江行日记》、《北上日记》、《内蒙日记》等发表的时候，父亲让我代他起"小记"的草稿，总是先跟我说清楚要说些什么；草稿写得了，我用大字抄好，父亲戴上老花镜，左手拿着放大镜，右手拿着塑料彩笔，总要凑着日光灯反复修改好几遍。这一回发表父亲的《旅印日记》，父亲要说些什么呢？我无从知道了。我写的这篇"按语"能合父亲的意吗？也无从知道了。我都七十了，才尝到了骤然失去依傍是个什么滋味。

一九八八年三月二十八日

《文话七十二讲》后记

这本《文话七十二讲》，是从《国文百八课》中抽出来的。《国文百八课》是抗日战争前，我的岳父夏丏尊先生和我的父亲叶圣陶先生合编的一部初中语文课本；计划编六册，只出版了四册。

既然是课本，为什么起了这么个古怪的书名呢？当时的课本要经教育部审定后才能发行。两位老人家不打算这么做，而在书名上边注了一条"初中国文科教学自修用"，来说明这是一部课本。个人自修，教育部管不着；教师愿意采用，教育部也管不了。在当时，国文教师自选教材自编讲义是常有的事。

两位老人家对当时的国文教学很不满意，认为"国文科至今还缺乏客观具体的科学性"，教学目的"玄妙笼统"，教育方法因循保守，"往往只把选文讲读，不问每小时、每周的教学目标何在"。所有这些意见，他们都写在《国文百八课》的《编辑大意》中了。他们所以合编这部课本，就是想试一试从教材和教法入手，"给与国文科以科学性"。

两位老人家依据"往日教学的经验和个人的信念"，拟定了初中学生在国文课上应该受到的训练、应该得到的知识和应该掌握的技能；按自然的内在联系和循序渐进的原则，把这些教学内容排定了先后的顺序。又算了算初中六个学期，每学期上课十八个星期，一共一百零八个星期。再把教学内容按顺序安排在一百零八个星期里，使每个星期的教学成为一个单元，各有明确的目标。他们把一个单元称作"一课"，一共一百零八课。《国文百八课》这个书名就是这样定下来的。

《国文百八课》的每一课分四个部分：一、文话，是阅读和写作的指导，偏重于写作；二、选文，限定两篇，是根据文话而选的例文；三、文法或修辞的常识，所举的例尽量选自选文；四、习问，根据前三部分设计的练习和问题，着重于启发。从每一课看，四个部分彼此呼应，结合紧密；以文话为主体，教学目标明确。从课本的整体看，文话是纲，体现了两位老人家当时想给与国文课的“科学性”。因为文话很偏重写作指导，可以说《国文百八课》是一部“以作文为中心，按文体组成单元的实验课本”。

抗日战争爆发，父亲带着一家老小进了四川，夏先生困守在上海，《国文百八课》就此中断，只编了四册，共七十二课。由于编法特殊，打破了传统，头两册出版的时候颇轰动了一阵子；可是究竟没有编完，后来渐渐被人忘却了。直到前年，人民教育出版社才检出这四册来重新排印，还特地请吕叔湘先生写了一篇介绍，印在第一册的头里。吕先生说，“直到现在，《国文百八课》还能对编中学语文课本的人有所启发。”这句话实际上是代人民教育出版社说的。要是有人问：为什么隔了半个世纪，还要重印这部未完成的国文课本呢？那么吕先生的这句话就是回答。

对于《国文百八课》中的文话，吕先生着重作了介绍。他说这部课本的“最大特色是它的文话”，“是编者用力最多的部分”；七十二篇文话“有系统而又不拘泥于形式上的整齐”，“既有联系，又不呆板”，“给读者的整个印象是生动活泼”，“本身就可以作为文章来学习”……可能由于吕先生的赞誉，上海教育出版社打算把《国文百八课》中的文话抽出来，编成《文话七十二讲》另行出版。我同意他们这样做，套吕先生的说法，我认为直到现在，这七十二篇文话还能对初学写作的人有所启发。

一九八九年一月十二日

《叶圣陶答教师的100封信》前言

应开明出版社的约，我赶在父亲的第一个忌辰之前，编完了这本父亲的书信集，《叶圣陶答教师的100封信》。

这一百封信，是从目前收集到的父亲写给老师们的两百几十封回信中挑选出来的。从内容看，谈语文教学的占一多半，其中有的谈教学的目的，有的谈教材的编写，有的谈教学的方法，有的谈教师的自我进修。此外有谈教育方针的，谈教育改革的，偶尔也有聊家常的。父亲跟我说过，回信得比照着来信写：来信谈到什么，问起什么，你得一一如实回复；这还不够，你得替来信的人设想，他可能还想知道些什么，也得尽量使他得到满足。老师们给我父亲写信，大多谈的语文教学，父亲的回信以谈语文教学的居多，就是这个道理。

为了让读者看起来方便，这一百封信最好能按内容分类编排。可是办不到，因为大多数回信谈到的问题并不限定在某一方面。我只好采用贪懒的办法，按回信的年月日顺次排列。父亲一向是来信必复的，迟复了几天就要向来信的人道歉。他不止一次跟我说：人家把信投进了邮筒，就在巴望你的回信，你不尽快答复，怎么对得起人家？所以写回信是父亲每天的工作，跟看报一个样。后来他眼睛坏了，报也看不成了，回信还是勉力写，除了躺在病床上的日子。最后这几年，躺在病床上的日子越来越多了。

我编这本书信集，除了挑选、抄写、编排之外，还写了几条注，用的是我的口气。从一九五四年到一九六六年，父亲担任教育部副部长，兼人民教育出版社社长。那些年的回信中说的“部”就是教育部；说的

“社”，就是人民教育出版社；说的“编辑室”，就是人民教育出版社的中学语文编辑室或小学语文编辑室。我在这儿交代一下，不再作注。父亲的回信大多是用文言写的，可能因为来信用的是文言。文言用词造句，好些地方跟口语很不相同；要一一作注，不是我的能力所能办到的，只好请读者原谅。

父亲过世后这一年来，许多前辈许多老师许多朋友帮我收集我父亲书信，现在收集到的已经有六七百封，最早的有一九一〇年写的。七十多年来，父亲几乎天天写信，记日记还有时间断，写信可从未间断过。如果平均一天一封吧，总数也在两万五千封以上，当然随着岁月的流逝，大多散失了。我借此向各位长辈各位老师各位朋友恳求，如果您手上保留着我父亲写给您的信，请复印一份或抄写一份寄给我，好让我在编《叶圣陶集》的时候选用。

一九八九年二月十二日

《中小学学生作文评改举例》前言

一九六三年，北京出版社的编辑同志来找我父亲，带来两册少年儿童的征文集，要我父亲选出二十篇来，加上评语，再写一篇序，编成《北京少年儿童习作选》出版；还说明“习作选”是供中小学生观摩的，已经出过两辑，这是第三辑。父亲答应了他们的要求，选出了二十篇，都认真作了修改，给每一篇写了简要的评语，最后写了一篇总评作为序；用其中一篇的篇名作为书名，叫《我和姐姐争冠军》。当年年底，这本习作选辑就跟读者见面了。

在父亲把评改的那一册征文集交给出版社之前，我把父亲作的评改誊在另一册上留了下来。北京教师进修学院知道了，把这个副本借去，用蜡纸刻印了万把本，分送给北京市的各个中小学，供语文教师观摩，据说很受欢迎。

去年春节的前一天，我的父亲与世长辞了。今年初春，北京教育学院的同志带了两本当年的刻印本来找我，说这样的评改实例非常难得，虽然是二十五年前的，对语文教师还有帮助，问我是否可以重新印行。我看了一遍，代父亲回答说可以，并建议删去两篇。他们知道我一直跟着父亲学做编辑工作，就把这本书的编辑任务交给了我，还要我对父亲所作的修改作些说明。我按照他们的要求做了，编成了这本叶圣陶《中小学学生作文评改举例》；把我父亲当年为这本“习作选”写的序编在最后，作为附录。这篇序主要讲“写什么”和“怎样写”两个问题，对中小学生练习作文可能有些帮助。

在编辑这本书的过程中，我常常想起父亲讲过的关于修改学生习作的话。父亲说，教师修改学生的习作，目的不在于把一篇习作修改得怎样完美，而在于帮助学生提高运用文字的能力，提高运用文字如实地表达自己的所见所闻所感所思的能力。所以老师一边看学生的习作，一边要揣摩学生到底想说些什么；不要把自己的意思强加给学生，要根据学生想要说的意思去修改，修改那些表达得不清楚的地方，不确切的地方，不顺当的地方，不连贯的地方，还有遗漏的和累赘的地方；最好让学生坐在一旁，遇到要修改的地方，先问问他在写的当时是怎么想的，为什么没能恰如其分地表达出来，然后一同商量该怎样修改。和学生一同修改确实是个好办法，既省了揣摩的工夫，又能让学生学会自己修改；抗战时期在成都，父亲修改我和妹妹弟弟的习作就是这样做的。

关于写评语，父亲主张多称赞少批评。父亲说，教师的称赞能鼓励学生多写多练，批评则是指出缺点，要求学生注意改正；称赞和批评都要有根有据，根据就是学生的习作，不要写一些空泛的话，使学生无从捉摸；最好不光就一篇习作来写，要跟学生以前的习作相比较，称赞那些显著的进步，指出在目前的水平上，稍加努力就可以改正的缺点，这样做更有利于学生逐步提高文字表达的能力。有一点必须说明：父亲写的这十八篇习作的评语是给这本选辑的读者看的，为的帮助他们观摩别人的习作，跟教师写在学生作文本上的评语相比，对象不同，目的也不同，所以只能供教师参考，不能作为批改作文时写评语的范本。

我父亲在二十年代三十年代，当过好些年语文教师，评改学生习作的辛苦，他有很深的体验。直到过世的前两年，他有时还做这样的梦：明天又是作文课了，作文本还有一大叠没看完，着急得走投无路；幸好心里一着急，梦就醒了。还有一点必须说明，父亲批改这十八篇作文，为的是供中小学生观摩，自然得加倍仔细。教师既没有这许多时间，也没有这许多精力。要对学生的每一篇习作都这样评改，显然是难以办到的。再说，即使老师评改得非常仔细，学生不仔细看，或者看了不能理会，教师的力气还是白花了。父亲常常跟语文教师说，是否可以换个办法，或者教师只指出习作的主要缺点，让学生自己修改；或者每回作文挑出一两篇来，在课堂上跟全班同学一同讨论修改；或者把全班学生分成若干小组，每回作文在小组中相互提意见，由教师指导进行修改。只要教师认真，学生也认真，这些办法效果都不会差，都能让学生养成自己动脑筋的习惯，学会自己修改的本领。

原来的蜡纸刻印本用两色套印，习作的原文用黑色油墨，修改和评语用红色油墨，跟作文本一个模样。现在改用铅字排印，两色套印是办不到了，只好把每一面分成左右两栏，左边印习作的原文，右边印修改后的习作。左右比照着看固然比较费力，但是也有好处，去掉了勾勾画画，眉目比较清楚。

一九八九年十一月十三日

《鲁翁诗抄》跋

父亲留下好些抄本，没记年月，大多是七十年代的手迹，也有六十年代后期的。有一册近乎大三十二开的线装本子，开头十八页抄录鲁迅先生的诗，现在稍稍缩小制版，印成这一本《鲁翁诗抄》。

“文革”期间，父亲日常以抄书为消遣。他说一边抄写，一边究讨，一个字也不放过，方能领会读书的真意味。(至善记)

记得在干校的时候，有人问我，鲁迅先生的“下土惟秦醉，中流辍越吟”该怎么讲。我答不上，只好写信问父亲。父亲回信说他也讲不清楚，鲁迅先生的旧体诗很有一些不好懂的。又说虽然不全懂，他还是喜欢，因为有一种别人所没有的“生辣味”。

是不是我这一问，逗起了父亲重读鲁迅先生的诗的兴头呢？很有可能。读之不足，提起笔来抄一遍，是父亲在中学时代养成的习惯。那个年月门可罗雀，日长如年，正好在晴窗下一边抄写，一边揣摩，好些抄本就是这样留下来的。父亲那时写了一首五古，单说抄书的好处：

一目十行下，或吞囫囵枣；一字莫遁逃，还是抄书好。陶不求甚解，岂谓竟草草？何由毋草草？抄书径可蹈。提笔意始凝，并驱手共脑，徐徐抄写之，徐徐事究讨。细嚼得真味，精鉴乃了了，瑾瑜固惬心，瑕亦辨微小。此际神完固，外物归冥邈，罔觉渐移晷，不闻当窗鸟：佳境良难状，其甘只自晓。同好且过我，诗成寄伯老。

“伯老”是王伯祥先生。王先生也好抄书。

明年十月廿八，是父亲的百岁诞辰。影印父亲手抄的鲁迅先生的诗，一则为了纪念父亲，二则给喜欢鲁迅先生的诗的朋友们，提供一个大字的本子。我也眼睛花了，很怕读五号字的铅印本。

一九九三年八月

《一九七六年日记》的按语

《新文学史料》的编辑同志问我，我父亲有没有未曾发表的手稿可以供他们刊登。最近翻阅父亲的日记，一九七六年除夕那天是用这样一段话作结束的："夜餐时全家围坐小饮辞岁。今年为变化极大之一年，而结果则举国欢畅，此可记也。"我想这"可记"二字，决非"值得记下来"的意思，(不是已经记下来了么?)而是说这一年"变化极大"，应该永志勿忘。我于是从元旦抄起，把这一年的日记全部抄了下来，交给《新文学史料》的编辑同志。

看父亲这一年的日记，记的多半是"为无聊，遣有涯"的琐事。"文革"已经进入第十个年头，忧虑，压抑，日甚一日，看不到尽头，弄不清个所以然。愤愤的话不是没有，往往欲说还休，剩下的只能是排遣闲愁，辛弃疾叹息"闲愁最苦"的那种苦涩的闲愁。结果却完全出乎意料，来了个突然的变，生活苏醒了，新的希望又迎面扑来。"举国欢畅"，叫人暂时忘记了那延续十年之久的动乱，已经夺走了不知多少人的"有涯之生"。

父亲那时已经过了八十二了，他勉励自己要"多活几年，多做些事"；可是跟十年前相比，精力究竟差得很远，性子越来越急，也无补于事了。对父亲这样的老年人来说，失落的岁月是很难追回来了。

一九九三年十一月二十二日

珍藏本《教育小说》序

上海文艺出版社在编一套《中国现代名作家名著珍藏本》，跟我说其中应该有我父亲的一本，还把已经出版的寄了三本给我，让我参照。这是一套很有特色的珍藏本。一般的珍藏本都又大又厚，像城墙砖，装帧考究华贵，甭说翻开来读了，连碰一碰都是亵渎，只得配个考究华贵的玻璃书橱供起来，成了毫无实用的文化摆设。这一套珍藏本敢于一反常规，每本只二百来面，最常见的32开本，朴实大方的软面精装，经得起揉弄。我体会设计者的用心，就是让您感到名作家都是可亲近的，每打开一本，您就见到了他们中间的一位，听他讲他的故事，感染他的喜怒哀乐。这样温馨的书，您舍得抛开吗？您会放在床边案头，好随时抽出一本来阅读。我想也只有这样的书，才是值得珍藏的名副其实的珍藏本。

设计的大胆是令人敬佩的，可是编起来颇有点儿烦难。这套珍藏本，各本的书名只用四个字，后两个还定死了是“小说”，容许变化的只剩加在“小说”前头的两个字，要么说明作品的题材范围，要么指出作者的创作风格。用两个字来概括题材的范围或者创作的风格就够难的了，还得避免跟其他各本相重。我考虑来考虑去，结果还是袭用了人家早就用过的《教育小说》。我知道父亲如果还在，他是不会同意的。他会说：“《教育小说》，是教育读者的小说呢，还是跟读者讨论教育的小说？你没交代明白。”的确没交代明白，我只是划定个范围，告诉读者这本书选的，只限于取材于教育界的小说。把“取材于教育界的”压缩成“教育”两个字，实在勉强之极。可是这个概念模糊的书名给了我极大的方便，困难迎刃而解了。父亲的短篇以取材于教育界的为最多，可能占五分之一，划定了这么个范围，那五分之四就可以不予考虑了，只要在这五分之一内剔去若干篇就得。我没花多大工夫，就完成了出版社交给我的任务。

父亲写过一篇谈他从事小说创作的自叙，其中有一段说：他当过许多年小学教员和中学教员，对教育界的情形比较熟悉；看到许多不能满意的事，常常提起笔来刺他一下，希望当然寄托在所刺的反面。这样说来，拿这本《教育小说》作为他的短篇的标本，还是比较合适的。出现在他笔下的人物，大多处于被损害被侮辱的地位，在当时的环境中和条件下，他们找不到出路，没有力量反抗。说他的小说表现了“灰色的人生”，那是不错的。跟“刺他一下”一个样，他把“灰色的人生”展现在读者面前，希望读者唾弃那种生活，能真个掌握自己的命运。如果由此而作出推断，说他消极，说他厌世，就未免过分了。在《未厌集》的前言中，他委婉地作了坦率的答复。可是话得说回来，读者对作品有不同的理解是常有的事，并且应该得到容许。父亲在晚年的一封书信中说：作者把自己的生活感受化为文字，这就是创作；读者阅读作品，就是把文字还原成为作者的感受。能不能还成原样可不一定。在作者方面，问题出在技巧不到家，没有表达好；在读者方面，可能由于生活经验不同，或者理解的能力较差。请原谅我没照引原话，这封信不在我手头，我只好说个大意。

这本《教育小说》中也并不全是刺，开头的几篇还是赞扬学校教育的，那时候新式学校才开始替换下私塾。可是渐渐产生了怀疑，《小铜匠》就提出了因材施教的问题，体罚的问题。再往后，涉及的方面越来越广，原来教育问题不限于学校的墙垣内。人物也不全是灰色的，《城中》的主人公就是一位敢于冲锋陷阵的勇士，可是小说没把他的故事写完就刹住了，事业的失败可以说是肯定的，也许还得赔上他的性命。在当时的法西斯统治下，这是必然的结局。不再多说什么了，父亲一向不赞成给语文课本的选文作冗长琐屑的题解。他会对我说：“我想告诉读者的都写下来了，用不着你多啰嗦了。”

一九九四年六月十四日

《叶圣陶作品精选》序言

父亲过世已经七年多了。他要是还活着，一定不会同意编这本“自选集”的。他会说：“我为孩子们的确写过一些东西，自己看看，没有几篇满意的。你们编的是‘名家选集’，我可配不上，请找别人去吧。”还会说：“我的选本出得够多了，选来选去，无非是那么几篇。冷饭越炒越没有味道，不必再炒了吧。”理由大致就这么两条，依我看够充分了。可是经不住出版社再一再二再三再四的劝说，他最后也只得点头答应。要真个“自选”是办不到了，我父亲即使还活着，今年一百零一岁，没有那个精力了，选编工作注定落在我这个做儿子的身上。我是个职业编辑，编的又主要是少年儿童读物，父亲即使还活着，我也得自告奋勇把这副担子接过来，好让父亲放心。

我做编辑工作，主要跟父亲学。受了他的影响，我给自己立下两条规矩：一是得对得起读者，二是得对得起作者。选集的读者是少年儿童，父亲说过：一定要郑重其事地编好少年儿童读物。作者又是我的父亲，我当然更得郑重其事地把这本选集编好。为了对得起读者——少年儿童，我得根据他们的年龄特点，尽可能选他们喜欢看的，看得懂的，看了对他们的成长多少有点儿好处的文字。为了对得起作者——我的父亲，我得体会父亲的心思，尽可能选他自己比较满意的，能表现他的人生观、尤其是教育思想的文字。结果选出了三十篇童话，二十五首诗歌，九篇小说，十六篇散文，分别都按写作或发表的先后编排。编完了回过头来再看一遍，仍旧都是“老面孔”，没能跳出“炒冷饭”的圈子。我想不妨把我对这些篇文字的体会说一说，其实就是交代一下所以选这些篇文字的原因，算是给这盘“冷饭”加点儿作料。

现在挨着次序，先说童话。《小白船》是我父亲写的头一篇童话，发表在新创刊的《儿童世界》上，当时很受人称赞，说文字优美，能把孩子们引入诗一般的童话境界。我却不太喜欢这一篇，因为那个陌生人的问题提得太离奇，从来没听得有谁这样提过；两个孩子的答案又很牵强，跟没有回答差不多。当时我不满六岁，想不明白还情有可原；可是过了七十多年，直到如今还是没想明白。我所以选上这一篇，为的是让今天的孩子们来作个判断，还可以拿这一篇跟后来写的许多篇作个比较。

写完了《小白船》，在以后的七个多月中，父亲一连写了《傻子》等二十二篇童话，连同这第一篇，编成一个集子，以最后一篇《稻草人》作为书名，可见他自己是很喜欢这一篇的。这本《稻草人》在一九二三年十一月出版，是咱们中国人自己创作的第一本童话集，当时在文学界和教育界引起了轰动；直到现在，写新文学史还得提上一笔。我选的三十篇童话，有十七篇是《稻草人》中的，文字一般说来都很优美，诗一般的童话境界却越来越少了，最后的那篇《稻草人》，竟一连串写了四个悲惨的故事。有什么办法呢？在旧社会里，农民的日子就这样悲惨，尤其是被压在最底层的妇女。人世间就有这许多不合理的事，叫人伤心，叫人同情，甚至叫人害怕。遮掩是没有用的。遮掩就像让孩子们跟那个快活人一样，也蒙上一层神秘的透明的薄膜，以为自己真个生活在诗一般的童话世界里，处处快乐，事事快乐；可是这层薄膜一旦被刺破——这是必然的，他们就会跟瞎子和聋子一个样，惊骇得手足无措，——这也是必然的。因而倒不如让孩子们跟那只画眉似的，飞出华丽舒适的鸟笼，自个儿到各处去看看；他们会跟画眉一个样，发现世界上原来有那么多人只为了侍候别人而活着，活得既无意义，又无趣味，然后选定他们自己该走的是什么样的道路。

跟孩子们谈论该走什么样的道路，从年龄说似乎太早了些，我父亲好像不这样认为。他用对比的手法，让那粒固执的种子，只愿意为朴实勤劳的农民们开出它那奇异芬芳的花朵；让那只觉醒的画眉，不再飞回鸟笼去侍候那些无聊的公子小姐，而情愿到处飞翔，为辛劳终日而得不到快活的人们歌唱；让农民音乐家祥哥挟着父亲留给他的胡琴，大踏步走出那座大理石砌的艺术殿堂，回到农村去，为父老乡亲们演奏；……

许多篇童话都有类似这样的结局，可见父亲一直在思考，怎样才能引导孩子自己去寻找他们该走的道路。

父亲绝不愿意让孩子们做一个不肯劳动光贪图享受的人。他最厌恶那样的懒汉，在《地球》中，预言他们最后必然灭亡；在《富翁》中，他诅咒那些认为只要有了钱就可以过上舒服日子的富翁，让他们统统死去——枕着金块，抱着金块，活活地饿死。他歌颂那粒倔犟的种子，那只能分辨是非的画眉；还歌颂那个傻子，因为他认为能让别人快乐，就是他自己的最大快乐；还歌颂那个最后沦为乞丐的绿衣人，只要能让别人解除痛苦得到快乐，任何困难的事他都一口应承，并且必定尽力做到。《稻草人》出版的时候我才七岁半，最使我感动的就是这两篇。我甚至认为，做人就该做傻子和跛乞丐那样的人。这也是我定要把这两篇童话编进这本选集的原因。

《稻草人》出版后的岁月中，父亲只写过不多几篇童话，《牧羊儿》和《聪明的野牛》就是其中的两篇。直到一九二九年九月，他又认真地写起童话来。不到两年，他的第二本童话集就出版了，那是一九三一年六月，用九篇中的第一篇《古代英雄的石像》作为书名。我体会父亲所以这样做，不仅因为他比较喜欢这一篇，还因为从这一篇开始，他写童话走上了一条新路：题材更加开阔了，跟现实生活结合得更加紧了。这样写能不能得到成功，他当时并无把握，所以在《古代英雄的石像》写完之后，他特地要我试读一遍，看我能不能理解。记得我大体是这样回答的："这有什么难懂的。你是说做个石像，站在空场上等大家行礼，不如铺成大路，让大家在上面走。"父亲微笑着点点头，似乎还满意。现在想想，我那时说的只是故事的大意，没能体会隐藏在文字后面的许多意思。譬如说，英雄本来出自群众，要是因为地位发生了改变就忘了本，自以为理应高高地站在群众之上，甚至向群众耍起骄傲来，那就必然会被群众抛弃。这一层意思可以说是够明显的了，我当时竟没能看出来。父亲为什么不给我这个高小学生一点儿指点呢？我至今还想不明白。

再说那篇《皇帝的新衣》。父亲在开头扼要地复述了安徒生的《皇帝的新衣》，说他只是接着往下写而已。其实满不是这回事。安徒生笔下的皇帝只不过好出风头而又爱面子，他自己知道受了骗，还得硬着头皮光着身子往前走；我父亲写的却是一个不准人民说出真相的十足的暴君：两个皇帝其实不是同一个人。常有人问我父亲，那个石像是不是影射蒋介石，这当然是个误解；却从没人问起写这么个皇帝是不是讽刺蒋介石。可能在当时，大家一看就明白，用不着问；后来呢，倒行逆施的蒋介石终于垮了台，人们就渐渐淡忘了，真以为我父亲给安徒生的《皇帝的新衣》写了这么个续篇。

含羞草看到世间不合理的事儿就感到害羞，三大段故事都讲得很明白，不用我多说什么了。令人担忧的倒是那些未经世事的玫瑰花们的糊涂思想，在今天的年轻人中又有所滋长。蚕厌恶工作，蚂蚁赞美工作，为什么会这样截然不同呢？蚕参观了蚂蚁的国家就明白过来了。我想读者们一定也会明白的，并且愿意跟蚂蚁一样，大家一同工作，一同分享劳动果实：咱们的社会主义不正是这个样子吗？

《慈儿》揭露世界上就有那么一些人，他们为了无止境地掠夺本应该属于人民的财富，也打起“正义战争”之类的旗号，把无数人民驱赶上战场。结果呢？人民遭受了无可弥补的祸害，他们却成了胜利的英雄，他们的功绩写上了历史书，他们的名字世世代代受到称颂。这些人是谁呢？可能是军阀，也可能是帝国主义者。当年日本侵略者打的不就是“大东亚圣战”的旗号吗？日本侵略者没能得逞，被不愿做奴隶的英勇的中国人民打得头破血流。可是直到今天，日本战败已经足足五十个年头了，竟然还有人在赖账，企图改写历史，掩盖甚至否认当年犯下的侵略罪行。咱们当然不能听之任之，必须摆事实讲道理，给他们彻底的揭露和严肃的批判。

熊夫人的幼稚园最后只好关门。学生们受教育的要求各不相同，分歧之大倒还在其次，问题在于根本没法调和；不要说幼稚园了，就是大学，也不能办得让这样一批学生个个满意。虎儿、猪儿、鸡儿三个说话最多，他们的话不是我父亲凭空编造的，当时社会上，或者说世界上，确有这样三种不同的思潮。我想读者一定同情猪儿，厌恶虎儿，并且能料想到，他们之间必然会出现一场你死我活的斗争。鸡儿呢，他可怜不足惜，只好自取消亡。《绝了种的人》也谈的教育问题，很显然，我父亲是为了反对“劳心”和“劳力”的截然分离而写的。他一向主张教育要跟生产劳动相结合，而在当时，那种相互脱离的现象特别突出，使他感到担忧。从《古代英雄的石像》中，我选了这样七篇，差不多是全部了。

接下来的是《将来做什么》，这一篇当时没收进集子，父亲竟把它忘了，可我记得，十来年前还居然找到了。在这篇童话的开头，父亲就把他一直在思索的问题，让那位老师提了出来，提得又这样直截了当，使当时才跨进少年时代的我感到突兀。答案又清楚明白，读者一看就懂，不用我多说什么了。我只想提一点：父亲认为只要工作的成果对大家有用处，不必问由谁来享用，更不必问这是谁的劳动果实。正如他在童话歌剧《蜜蜂》中赞美的那样，“辛苦工作为大家，自己就在大家里。大家幸福大家乐，才是自己真福利。”

后边的两个短篇是从课本中选出来的。三十年代中期，我父亲编了一部小学国语读本，他没有采用现成的文字，所有的课文都是他自己写的。这两篇的文字都很浅显，也不用我再说什么了。最后的那篇《“鸟言兽语”》倒有两点可说的。一是当时确有人主张把课文中的寓言和童话统统删掉，理由冠冕堂皇，说是不能让孩子们与鸟兽为伍；心里却虚弱得很，只怕寓言和童话借鸟言兽语，刺着了他们的倒行逆施。二是当时意大利侵略阿比西尼亚，引起了全世界人民的公愤，童话中那个在广场上狂吼要以他的“文明”去征服“野蛮”的家伙，就是当年不可一世的意大利法西斯头子墨索里尼。今年正好是世界人民反法西斯战争胜利五十周年，重读这篇童话，等于重温一遍当年的历史。

关于童话，我说得太多了，后边得尽可能精简些。父亲在抗战前编写的那部国语课本中，有不少诗歌；新中国成立前后，父亲参加了新的小学语文课本的编写，又写了一些诗歌，这儿选的二十五首，几乎全是这两部课本上的，只最后一首是例外，发表在五十年代末。父亲给孩子们写诗歌有一些自己定下的要求：既要有韵律又得明白如话，配上谱可以让孩子们唱，念起来也能使孩子们感受到音节之美；这些要求都做到了，才能潜移默化地培养孩子们爱自然、爱劳动、爱集体的情感，以及关心他人、遵守纪律等等良好的品德。他做到了没有呢？得请读者们评判了。

再说小说。我选的九篇，只最后那一篇是抗战期间的作品，其他的八篇都写在二十至三十年代。我父亲写小说有个特点，所写的人和事大多是实有的。如头一篇《小蚬的回家》，那个小英就是我，当时我还不满四岁。末了那篇《我们的骄傲》，写的那一回意义极深刻的会面，曾明明白白记在他的日记上。九篇中只有《赤着的脚》是个例外，父亲没见过中山先生，更没去广州参加那次农民代表大会，可以说全凭虚构，合理的虚构。父亲当时写这篇小说，为的追悼不久前逝世的中山先生；没料到由于编印耽搁，隔了两年半才发表。那时候蒋介石正在血腥屠杀工农群众，彻底背叛了中山先生的主张。《赤着的脚》后边的五篇，父亲都是特地为孩子们写的，写孩子们自己的生活和他们当时所处的那个社会。读者们一看就明白，《寒假的一天》就写的"一二·九"运动，历史课上讲过，在电影中也见过这样的场面，再读一篇，决不会嫌多。

所选的十六篇散文，也有四篇是特地为孩子们写的。《大雁》等三篇选自抗战前出版的那部国语课本。最末了那篇《一个少年的笔记》一共四则，发表在五十年代中期；有点儿示范的意思，为的是鼓励孩子们从自己的生活中寻找写作的材料，不要养成尽说空话的坏习惯。还有两篇，父亲写的是他童年时代的生活趣事，其馀各篇都曾被选入各个年代的语文课本，有的在目前的课本中还能找到，看来还是适合让读者读的。游记占了五篇，似乎多了点儿。

就说到这儿打住吧。但愿这篇序言能对得起读者——当今的少年儿童，多少能帮助他们增加点阅读的兴趣和辨别的能力；又能对得起作者——我的父亲，没把他的意思理解错，也没说空泛的颂扬他的话，这是他一向厌恶的。

一九九五年七月十二日

《稻草人》重印后记

《稻草人》是我父亲的第一本童话集，收集他在一九二一年十一月到一九二二年七月间写的童话共二十三篇，一九二三年十一月出版，有郑振铎先生写的《序》。

《稻草人》一出版，就受到了文学界和教育界的欢迎，同时引起了一些争论。受欢迎是理所当然的，因为在这之前，还没有一本咱们中国人自己创作的童话集。争论是因为我父亲在好多篇童话中，反映了当时社会上种种不合理的现状和劳动人民的苦难：有人认为童话这样写法，会损伤孩子们的天真纯洁的心灵；可是也有人说，现实生活就是如此，隐瞒是办不到的，如实地告诉孩子们也是童话作者的责任。郑振铎先生属于后一派，在《序》中，他的态度是十分鲜明的。

争论尽管争论，受欢迎还是受欢迎。从二十年代初到四十年代末，受过学校教育的孩子，几乎没有一个没读过《稻草人》的。直到一九四九年，情形才发生了变化。伟大的中华人民共和国诞生了，全国各族人民在中国共产党领导下，开始建设属于自己的崭新的生活。这是前人从未做过的事业，工程的艰巨自不待说。大家如饥如渴地学习新的道理和新的知识，阅读新的图书。在这个大形势下，曾经风行一时的图书有许多暂时停印了。童话集《稻草人》还是二十年代初的作品，当然也在其中。

对《稻草人》的停印，我父亲丝毫不感到惋惜：不合理的旧社会已经被彻底粉碎了，何必再向生长在新社会里的孩子们唠叨个没有完呢？有人不同意这个看法，他们说，跟孩子们说说过去的时代还是十分必要的：不知道旧社会的种种不合理给人民造成的苦难，就不懂得咱们为什么要革命，也弄不清咱们要建设的是怎样的一个新世界。他们劝我父亲重新整理出版《稻草人》。我父亲被说服了，在五十年代中期，他编了一本薄薄的《叶圣陶童话集》，收进了《稻草人》中的三篇童话；在后记中他郑重说明，童话是旧作品，写的是过去时代的生活，只在语言方面做了认真的修改。

华君武先生这幅漫画，人们一看就能认出来，坐在稻草人身边的是我的父亲，而且在笑。(至善记)

我父亲特别注重作品的语言，总要努力做到念起来上口，听起来顺耳；为孩子们写东西尤其如此，因为他们正处在学习语言的年龄阶段。七十年代后期，我父亲又在儿童报刊上陆续发表了《稻草人》中的几篇童话，对语言都做了仔细推敲。直到一九八六年年底，为了把《稻草人》编进《叶圣陶集》第四卷，才把这二十三篇童话全部修改完毕。这时候，他已经九十二岁了。

这个《稻草人》重印本，就是按照《叶圣陶集》第四卷排印的，选用了初版本许敦谷先生画的插图三十三幅。

一九九六年五月五日

父亲的二十四篇童话

——《叶圣陶童话故事集》编者说明

宁夏人民出版社寄给我一本《巴金童话故事集》，信上说冰心老人的一本正在排印中，希望也有我父亲的一本，最好由我来选编，因为我熟悉父亲写的童话。来信的态度很恳切，我只能答应。我从父亲写的五十来篇童话中选出了二十四篇，按写作的先后编成了这本集子。

集子是编成了，我心里总感到不踏实。父亲的童话都是六十年以前的旧作，有许多是揭露和批判当时的那个社会的。六十年过去了，咱们中国发生了翻天覆地的变化，生长在新社会里的孩子读这些写旧时代的童话，隔膜恐怕是难免的。我于是把才编得的集子从头读了一遍，在每篇后边附上了几句话，有的谈我所知道的父亲在写作当时的想法，有的谈我小时候的读后感。这样做有没有必要，我完全没有把握，只好请小读者们评判了。

我父亲在中学毕了业，当了小学教员，就常常给学生们讲自己编的故事，其实就是口头创作的童话。母亲告诉过我，父亲的小说《地动》，写的就是某天晚上，我缠着父亲要他讲故事的情景，小说中的“明儿”其实就是我。还有一篇《小蚬的回家》，也写的是我，名字又变作“小英”了。我把这两篇小说作为附录，放在二十四篇童话后面，让小读者看看我父亲是怎样进行口头创作的，看看我小时候，那时还没满四岁，是多么喜欢听父亲讲的故事，听得如此认真，又如此当真。

傻　子

读完这一篇，咱们都说傻子是个好人。他总为别人着想，只要能使别人解除困苦，得到快乐，他什么事儿都乐意去做；挨骂挨打，他全不在乎，更不用说讥讽和嘲笑了。像他这样尽干好事的人，在过去的旧社会里是非常少见的；要不，人们就不会叫他“傻子”了。

傻子总共干了多少傻事，童话中没作交代，我父亲只讲了他的四个故事。最后那个故事，他傻得出了格离了谱。咱们正担心他这下子可闯下了大祸，出乎咱们的意料，那个嗜杀成性的国王竟被傻子的傻气感化了，宣布从此不再打仗。

在童话里，什么不可能发生的事儿都可能出现，咱们一篇接一篇往下读吧。

燕　子

小燕子被泥弹打伤了，遇到了两位好心的小姑娘。她们安慰他，照料他，给他治好了伤；最要紧的，还帮他找到了妈妈。妈妈不见小燕子回家，也正在着急哩。

我小时候读这篇童话，最着急的就是小燕子能不能回到他妈妈身边。我觉得世界上，没有比找不着妈妈更可怕的事儿了。附录中的那篇《地动》，可以作证。

现在的小燕子大概不会被泥弹打伤了，因为到处都在宣传爱护鸟类，都说鸟儿是人类的好朋友。我想，给孩子们宣传的时候别忘了添上一句：“小鸟儿跟你们一个样，他们都有妈妈，妈妈都在家里等候他们哩。”

一粒种子

真是一粒倔犟的种子。国王、富翁、商人、兵士都种过它，都经心侍弄它，虔诚地一再向它祝祷。它就是不凑他们的趣，不肯发芽，不肯为他们开花。种子最后落到了年轻农夫的手里，它发芽了，开出了稀奇的花。

这粒种子不需特殊的照料，年轻的农夫跟侍弄旁的种子一个样，只按时给它松土，给它浇水。稀奇的花开放了，乡村里的人都来看。也用不着祝祷，它都让他们满身沾着浓郁的香味回去。

这样稀奇的种子上哪儿去找呢？我相信会找到的，就在咱们小读者的心中。

富　翁

什么叫拜金主义？什么叫享乐主义？去到童话中说的那处地方，你就能找到答案。那里的人们教训孩子的传世格言，就是十足的拜金主义，十足的享乐主义。

在童话里，什么奇怪的事儿都可能发生。几乎在一夜之间，那里的人个个成了富翁，都挖到了数不清的金子。他们都不再做工，也不再种地。有了金子就有了一切，他们想的只是尽情地享乐，过富翁的舒泰生活。没想到奇事又接连发生：日常要用的东西都买不着了，最要命的是连每天非吃不可的粮食，也买不着了。金子成了毫无用处的废物，所有的富翁只好统统饿死。

我好像从小知道：人人不肯种地，就大家没有吃的；人人不肯做工，就大家没有用的。可能也是听父亲讲故事听来的吧。那处地方的富翁连这点儿道理都不懂，就让他们头枕着装满金子的口袋，统统饿死吧。

眼　泪

真是个奇怪的人，他别的不找，光寻找同情的眼泪。他说，只有为同情别人而流的眼泪，是最可宝贵的。

快活人只知道自个儿寻快乐，根本不相信世界上会有同情的眼泪。快活人好像是对的：在人们应该相互同情的那些地方，那个奇怪的人也没能找到他所要的眼泪。有的人被沉重的痛苦压得麻木了，他们的眼睛早已干涸，流不出眼泪来了。有的人一味地歌颂那些有权有势的人，他们的眼睛受了蒙蔽，看不清所谓的权势，正建立在广大人民的痛苦上。

那个奇怪的人找了一处又一处，终于在乡间找到了同情的眼泪，流眼泪的是个天真的孩子。他双手捧起珍珠般的眼泪，他要把这宝贝分送给世界上所有的人。也许他认为，那个时候世界所以那样糟，就因为人们都失去了相互的同情。

画　眉

画眉飞出了华丽的笼子，自由自在到处飞翔，最后飞到了一座繁华的城市里，看到了一桩又一桩稀奇事儿：人力车夫为什么要在尘土飞扬的大街上没命地奔跑呢？厨师为什么要在烟熏火燎的炉子旁忙个不停呢？

女孩子为什么要噙着眼泪，一遍又一遍练唱呢？画眉仔细看，认真想，它终于明白了：他们那样做都是被迫的，只为了侍候那些极少数的有钱人。

画眉联想到自己，先前自己只为讨饲养它的哥儿喜欢而唱歌，从来没得到过什么乐趣，也不明白有什么意义，自己不是跟那些人一样可怜吗？它决定不再飞回舒适的笼子，从此只唱自己想唱的歌，用自己的歌声安慰所有的不幸的人。

我就听到过画眉的歌声。那是“文革”期间，我在淮河南岸的“干校”当牛倌。跟我一同听它唱的，是几头疲惫不堪的水牛。

玫瑰和金鱼

题目这样美丽，读着可真叫人伤心。

桑树和母羊的遭遇是同一类的。它们老了，人们榨干了它们的精力，最后抛弃了它们。难怪在过去的旧社会里，街上的老乞丐有那么多。

玫瑰和金鱼是另一类。青年和女郎百般地爱护它们，只因为它们是玩物。正因它们是玩物，青年和女郎想怎么处置它们就怎么处置它们，最后漫不经心地糟蹋了它们的性命。

读到老桑树老母羊为它们唱悼歌，我小时候难受极了；同时想到，青年和女郎一定又找到了什么新的玩物，早把它们忘得一干二净了。

花园外

花园的大门敞开着，长儿却进不去，只能在围墙外面做他的美丽的快乐的梦。

长儿想不明白：父亲忙得早晚不见面，难道从没想到带自己的儿子去花园逛逛么？为什么母亲听他说想去花园玩儿，竟会发起火来，骂他“不配”呢？为什么“配”走进花园大门的，只有那些心里装满了快乐还要寻找快乐的人呢？

长儿后来都会明白的，因为道理最简单不过了。何况类似这样不合理的事儿，在过去的旧社会里又随处可见。

祥哥的胡琴

祥哥的胡琴怎么会拉得这样动听呢？他向泉水学，向风学，向小鸟儿学，学得非常认真。他把所学到的融会在一起，拉出了更加美妙的新的曲子。

开头，祥哥拉得很难听，跟锯木头一个样。人们讥笑他，母亲可一点儿不嫌他，相信他一定能学成。祥哥果真学成了，母亲听他拉得很不错了，要他出门去把自己编的曲子拉给世界上所有的人听。凡是好的东西，应该让人人都享受到。

没想祥哥离家不久就回来了，在城市里，他受到了那些自命为行家的听众的奚落。母亲搂着他安慰他说："人家不要听你的，我要听。"多好的母亲呀！我读到这里，好像也被母亲搂在怀里，幸福极了。

近处远处的乡村都能听到祥哥的胡琴，那美妙的声音像轻纱似的盖在人们身上，使人们忘记了劳累和痛苦。

瞎子和聋子

在过去的那个旧社会里，到处是可怕的景象和可怕的声音。人们见惯了，听惯了，丝毫不觉得奇怪，甚至以为世界本应该如此。

以为世界本应该如此，用不着改变，也没法改变，如果人人都这样想，那才是最最可怕的。幸亏事实并非如此，不合理的旧社会不是终于被推翻了么？

童话是七十年以前写的，如果现在写，结局肯定是另一个样子：瞎子和聋子的心愿统统得到满足，一个看个没有够，一个听个没有够，都快乐得没法用言语来表达。老风车如果还要警告他们不要反悔，它肯定是老得犯了糊涂。

跛乞丐

绿衣人跟那个傻子一个样，也是我小时候非常喜欢的人。谁有没法排解的揪心事儿，只要托他办，他保管一口答应，而且一定办到。他认为让别人得到安慰，是自己的职责，也是最大的快乐。任何艰难困苦都挡他不住，不公正的处分也不能使他灰心。

绿衣人的结局太悲惨了，竟成了街上人人厌恶的一个跛乞丐。要是在咱们这个时代，他一定会受到大家的表扬，戴着大红花出席无数次的表彰大会。尽管他所以这样做，并不是为了得到什么表扬和表彰。

快乐的人

在过去的旧社会里，不合理的事儿太多了，不幸的人也太多了。只有那个快乐人，他看到的却是事事快乐，人人快乐；没有愁苦，也没有欺诈。因为他生活在一层神秘的透明的幕里，看不到外界的真相。这层肥皂泡似的幕被刺破了，快乐的人就死去了。

我知道父亲为什么要写这篇童话。当时有位朋友劝我父亲说：写童话不要写那么多的伤心事儿，孩子们读了会受不了的。朋友当然是一片好意，可是有什么办法呢，旧社会就那样事事处处令人伤心。跟孩子们说谎是不好的，隐瞒又隐瞒不住。我父亲终于想出了一个快乐的人来，让他生活在那神秘的幕里，一层脆弱的迟早会被刺破的神秘的幕里。父亲用这篇童话，来回答他的好心的朋友。

稻草人

又是一篇令人伤心的童话。在过去的那个时代，这篇童话讲的伤心事儿天天都在发生。诗人和画家把农村描摹得那样美，他们可能跟快乐的人一个样，也生活在神秘的幕里。

稻草人可没有那层神秘的幕。他站在稻田里，所有可怕的事儿，即使发生在黑夜里，他都看得清清楚楚。他心肠特别好，甚至情愿牺牲自己，去救助所有遭受不幸的人。可是他挪动不了身子，连说句同情的话也不能够。他自己也是个不幸的人，除了为受苦的人干着急，除了在心里一再责备自己无能，别的什么也干不成。

人们看到稻草人倒在田里，没当作一回事儿。咱们孩子可都同情他，为他伤心。因为咱们读了这篇童话，听到了稻草人的心声。

牧羊儿

羊和小孩一起生活，白天一同在草场上快乐地玩儿，夜晚一同在草屋里做快乐的梦。有一天小孩突然听说他母亲死了，不得不赶回家去，不幸的事儿就接连发生了。我小时候读到这儿，除了伤心，还想到了一些想不明白的问题。

代表大伙儿去安慰小孩的三头羊遇着了骗子，被骗子宰了，卖了。留在草场上的羊没遇着骗子，被主人卖给了宰羊的人，结局一个样。既然做了羊，被卖被宰是早晚的事儿，他们知道不知道呢？小孩固然爱他们，却没法改变他们的命运，他们知道不知道呢？如果他们都知道，他们该怎么办呢？

读了后边那篇《聪明的野牛》，我似乎找到了答案。

聪明的野牛

城里的牛为什么那样糊涂呢？他们的日子过得太舒服了，吃的住的都是现成的，是主人给他们准备好的。主人到底打的什么主意，他们想也没想过。太舒服了不免犯糊涂：他们闻不到主人身上的血腥气；甚至挨了鞭子，还以为主人是在规劝他们。

野牛可不同了，他们在树林里得自己过日子，所以碰到什么事儿，他们都得仔细思考，认真商量。接到了城里的同类寄来的邀请信，把城里的生活说得那么好，他们将信将疑。经过思考商量，他们决定推举那条聪明的野牛做代表，先到城里去看个究竟。

小心谨慎总没有错。聪明的野牛到了城里，看出了主人的破绽，唤醒了犯糊涂的同类，带着他们一同逃离了城市。从此他们跟野牛一个样，在树林里过自由自在的生活。

要逃脱被卖被宰的命运，看来只有这一条路。

将来做什么

将来做什么？我一边读一边想。那时我不满十岁，好像那三个孩子的小弟弟，他们到处旅行，我紧跟在他们后边。他们看到的，我都看到了；他们一路上议论，我只能听懂个大概：生产供大家享用的东西，才是世界上最有意义的工作；农民和工人做的，就是世界上最有意义的工作。将来该做什么，我跟他们一个样，心里也有了方向。

三个孩子都赞美农民，赞美工人，不但赞美他们生产出了供大家享用的东西，还赞美他们在劳动中能把大家的力量融合在一起。这后一层意思，我是后来才渐渐体会到的。因而我越发尊重农民和工人。

古代英雄的石像

这篇童话，在解放后几次被选进语文课本，因而常有人写信来问我父亲：那个古代的英雄到底指的是谁？父亲回答说："我当时认为主要的意思放在这篇东西的末了儿。无论大石块小石块，彼此集合在一块儿，铺成实实在在的路，让人们在上边走，这是石块最有意义的生活。在铺路以前，大石块被雕成英雄像，小石块垫在石像底下做台基，都没有多大意义。"又说："至于大石块被雕成英雄像就骄傲起来，自以为与众不同，瞧不起人：我这么写，只是揣摩大石块当时的'心理'而已。这原是一种不大容易抵抗的毛病，过去时代犯这种毛病的挺多，当前时代得好好锻炼才能不犯。我写小石块看见大石块骄傲以后怎么想，也无非按照它们当时的'心理'。"

有了父亲这两段话，用不着我再说什么了。父亲当时写完这篇童话，让我先读一遍，问我明白不明白。记得我回答的就是他放在这篇童话末了儿的意思。父亲听了点点头，可见还满意。

那时我十一岁，小学还没毕业。

皇帝的新衣

这篇童话开头，我父亲扼要地复述了安徒生的《皇帝的新衣》。皇帝换上了自己也没看见的新衣服，大模大样走在大街上。围观的人都觉得好笑，可又不敢笑。偏偏有个孩子喊了出来："看哪，这个人没穿衣服！"孩子带头说了实话，大家忍不住放声大笑，都说皇帝真个没穿衣服。皇帝知道自己上了当，只好光着身子，硬着头皮往前走。

安徒生就讲到这儿。后来呢？我父亲接着茬儿往下讲。皇帝又是羞又是恼，硬说他这套新衣服漂亮无比，只有他皇帝才配穿；他要永远穿这一套，谁说他光着身子谁就是叛变，立刻抓起来杀掉。当场就有许多人被砍掉了脑袋。

后来呢，皇帝越来越残暴。他明知道自己没穿衣服，就听不得旁人说他光着身子。谁说了实话就得掉脑袋，连宠妃老臣也未能幸免。他发出了一道又一道的命令：不准人民说话，不准人民笑，不准人民发出一点儿声音。死的人太多太惨，人民再也承受不住，大家一哄而上，推翻了这个残暴成性的皇帝。

起先我以为，父亲真个给安徒生那个童话写了续篇，后来看看不像。安徒生写的皇帝又愚蠢又爱面子，受了骗子的作弄也无可奈何。我父亲写的皇帝分明是个残暴的独裁者；他只怕人民说实话揭了他的短，很像当时自封为“委员长”的那个蒋介石。

书的夜话

旧书铺里的书在夜里开座谈会，大家谈各自的经历。有三本书发言最多，都有头有尾，比较完整。

红面书说的最容易懂，我小时候读了一遍就明白了。他原先的主人买了书不读，陈列在书橱里摆阔，毫无意义。红面书留恋过去的舒适生活，我一点儿不同情。可是现在，这样的风气又渐渐时兴起来了。

紫面书的旧主人靠读书出了名发了财，其实他从来没认认真真读过一本书。发了财就用不着读书了，他把所有的书当作废品卖了。紫面书厌恶他，我也厌恶他，却不明白他是怎么样的一种人。现在有点儿明白了，看到报刊上那些引经据典而毫无新意的长篇大论，我常常怀疑会不会是这种人写的。

破书真是个老爷爷，他活了三千多年，经过了一百三十多位主人的手。他们都是师生关系，老师传授，学生承受，一代又一代，除了读书，没干过别的事儿。破书当然要替他们伤心，可是为什么要怨恨自己呢？后来我明白了：父亲写这篇童话的当时，那些政客官僚军阀又在嚷嚷“读经”，硬要把青年少年，赶上破书的历代主人走过的老路。

蚕和蚂蚁

蚕厌恶工作，蚂蚁赞美工作：为什么截然不同呢？蚕去到蚂蚁的国土，参观了蚂蚁们的工作和生活，明白过来了；听着蚂蚁们赞美工作的歌声，忍不住流下眼泪来。

蚂蚁们分工明确，各自在不同的岗位上，为种族的昌盛尽力工作，平等地分享工作的成果。童话写的，不就是咱们正在建设的社会主义社会么？这样美好的社会，蚕想也没想到过，要不是亲眼看到，决不会相信的。蚕的一生就是吃桑叶结茧子，茧子还没结成，一锅开水已经在等着他们了。

童话写的那条厌恶工作的蚕，不是完全没有影子的；工人怠工，农人逃离耕地，在当时早已不算什么新闻了。

慈　儿

旧中国有许多军阀。为了相互争夺本来应该属于人民的财富，他们都打起“正义战争”之类的旗号，把无数人民驱赶上战场。结果总是战胜的一方成了“英雄”，他们的所谓“功绩”受到称颂；人民遭受多大的祸害多大的痛苦，反而没人提起了。慈儿的祖父，就是这样一个应该受到人民唾弃和谴责的“英雄”。

看来弄清历史的真相是非常必要的。好心的慈儿就是弄清了历史的真相，才知道受人尊敬的祖父原来既贪婪又残暴，才想到真正的慈善事业应该往根底里去做。他怎么个做法，童话没有讲。我想有一条是非做不可的，就是揭穿并制止一切非正义的战争，不管打的多么漂亮的旗号。

日本军国主义者侵略咱们中国，当然是最典型的非正义战争，结果被咱们不愿做奴隶的中国人民打得头破血流。半个世纪过去了，日本国内竟还有那么一些人不肯认账，还在掩盖和歪曲历史的真相，把早已受到惩罚的战争罪犯供奉起来，妄图捡起他们当时欺骗人民的旗号，再发动一场侵略战争。咱们决不能放松警惕，得时时提防历史的重演。

熊夫人幼稚园

熊夫人幼稚园只好关门：学生们的学习目的各不相同，倒还在其次，问题在于根本没法调和。不要说小小的幼稚园了，就是大学，也没法办得让要求各不相同的学生个个满意。

虎儿、猪儿、鸡儿三个说话最多。他们的话不是凭空编造的，当时在社会上，或者说世界上，确然有这样三种不同的思潮。虎儿要练好本领，为的将来继承他祖先传下来的残暴的事业。猪儿要练好本领，为的将来用自己的力量，改变他的种族被宰杀的命运。咱们同情猪儿，厌恶虎儿；并且能够预料，他们之间迟早要发生一场你死我活的争斗。鸡儿呢，他的一片好心其实是懦弱的表现，他只好自取灭亡，可怜不足惜。

“鸟言兽语”

当时真有这样的教育家，主张把教科书中的寓言和童话统统删去，理由是天天让孩子们念“鸟言兽语”，跟鸟兽作伴，一定会弄得思想不正确，行为不正当，跟鸟兽没有区别。这些混账话本是反动统治者想说的。

反动统治者最怕人们说真话，最怕人们揭穿了他们的种种倒行逆施。寓言和童话偏要说真话，叫他们连觉也睡不稳。他们就让所谓的教育家做传声筒，写文章发表演说对童话寓言进行围剿。

我父亲就是编小学教科书的，在报纸上看到了这样的混账话，他不能不反驳；于是就用“鸟言兽语”作题目，写下了这篇童话。

童话中的麻雀和松鼠是一对可爱的小东西。他们有寻根究底的好习惯，能通过深入考察和反复讨论找到问题的答案。他们的行为正当得很，思想清楚得很。咱们孩子还巴不得跟他们作伴，一同去世界各地作一番考察旅行呐。你说是不是？

童话写的是当年法西斯统治下的意大利。那个在广场上狂吼要用“文明”去征服“野蛮”的家伙，就是当年不可一世的法西斯头子墨索里尼。他发动了侵略阿比西尼亚的非正义战争，引起了全世界人民的公愤。

火车头的经历

写这篇童话的意图很明确，就是向孩子们宣传“一二·九”学生运动，宣传全国人民团结起来抵抗日本帝国主义侵略的一致要求。

当时，上海学生去南京向政府请愿，申述全国人民的抗日要求，一路上遭到国民党反动当局的重重阻挠。学生如何英勇斗争，人们如何支持学生，童话中写的都是实事，在当时的进步报刊上都有报道。

我父亲把每天见到的报道收集在一起，写成了这篇童话，让火车头出来说话。他可能想，火车头亲历了这场斗争，它如果有灵性能思考，一定会坚决地站在学生们一边。

一九九六年十一月二十日

为了纪念

——《叶圣陶短篇小说集》前言

明年二月十六日，父亲去世满十周年了。为了纪念，我选编了这一本父亲的短篇小说集。

一九一九年，父亲开始用白话文写小说，除了长篇《倪焕之》，写了九十多篇短篇。我把所有的短篇过细通读了一遍，挑选出三十八篇。两个多月来，我整个心都浸渍在对父亲的怀念之中。

头一篇《这也是一个人》，是父亲在甪直镇当小学教员的时候写的。甪直是苏州城东的水乡，那所小学的一排旧教室，现在修建成了我父亲的纪念馆。主意不是我出的，我认为出得不错。在那所小学里，父亲和他的朋友们作过教育改革的试验，这是一；在那座水乡小镇上，父亲真个接触到了农民，这是二；父亲从事新文学运动，是那个时候开的头，这是三。有这三项，纪念馆设在那里真是再合适也没有了。

要是没有甪直的那几年的生活，《这也是一个人》、《饭》、《小铜匠》、《多收了三五斗》，还有好些别的短篇以及《倪焕之》的前半部，父亲是无论如何写不出来的。他不擅长凭空虚构。

在父亲早期的小说中，我看到了幼年时代的我。《伊和他》写的是母亲和我。冰心阿姨跟我说过，她最喜欢《地动》和《小蚬的回家》，也许她猜到了两个短篇都写的是我吧。还有在《阿凤》中，看到那个童养媳挨打而号啕大哭的孩子也是我。我曾经那么富于同情心，而现在，几乎把眼泪都忘掉了。

母亲也常常出现在父亲早期的短篇中，选进这本集子的，除了《伊和他》和《地动》，还有《萌芽》，后来又出现在《在民间》中。《在民间》的素材分明是母亲提供的。母亲头一回去到工人中间，跟着剪齐耳短发的杨之华阿姨；演讲没能按设想进行，可毕竟迈出了第一步。发表在《新女性》创刊号上，看来并非偶然。

五卅的浪潮把母亲和父亲都卷进了民众运动。那些日子里母亲经常出门，很晚回家。才七八岁的我也约摸知道，母亲在外面是冒着些儿风险的，放学回家见不着她就定不下心来。后来母亲果然碰上了麻烦。《在民间》应该有续篇的，父亲为什么不接着往下写呢？

父亲的朋友更多地出现在他的短篇中，使我回想起他们的音容举止，甚至片言只语。《校长》中的那位校长，原型是甪直的沈柏寒先生，小说把学校搬进了城里。《邻居》中的那位爸爸，原型是王伯祥先生，后半篇近乎纪实。王先生为这次搬家，窝着一肚子火，看了《邻居》的前半篇很可能不会同意。不知两位老朋友是否又发生过一场不伤脾胃的争论。

《秋》的主人公，原型却是母亲的二姑母的干女儿，我们孩子唤她“吴阿姨”。她跟我母亲像亲姐妹一样热乎，假期中常在我们家住，曾帮我母亲整理过《十三经索引》的条目。父亲这篇《秋》发表后，我只怕让吴阿姨看见，可是她终于看见了，跟我说：“有你的爹爹的，把我也写进了小说。”是带着笑说的。可是我想，在背地里，她一定流过不少眼泪。

《英文教授》的主人公，原型是吴致觉先生。他是吴宾若先生的二哥，在散文《好友宾若君》中，父亲已经对他的性格作过如实的写照。我小时候见过西装笔挺的吴先生，也见过跟他不大匹配的夫人和虔诚念佛的老太太；重读父亲的描摹，好像看重放的录像。老太太过世，“一·二八”战争毁了吴先生的家，他的夫人在忧伤中死去，我也都知道。抗战后回到上海，我跟着父亲去看望吴先生，他更加困顿了，寄居在法藏寺里。

说人物的原型，其实往往是个轮廓，《英文教授》中的情节并不全是吴先生的经历。在“文革”前，我有一回跟父亲去福州，有位先生到旅馆来看我父亲。等他走后，父亲跟我说他曾经是国家主义派哩，五卅运动中一同编过《公理日报》，为了一句“打倒帝国主义”的口号，两个人吵得个不可开交。我才知道父亲把自己的经历嫁接到了这位英文教授身上。让工人把准备起义的武器藏在沙发里的，我早就听说了是郑振铎先生。不知道的一定还有。小说不同于传记，人物本该这样塑造，尤其是主人公。

我知道父亲是同情吴先生的，不仅惋惜，还带着尊重。尊重他诚恳地对人和认真地对事。可是父亲并不赞赏他把往生净土作为精神的寄托，所以在小说的开头，虚构了学生跟英文教授的一场对话。说虚构，好像也不全是。父亲入川那年游北碚的缙云寺，碰着了太虚法师；在给我岳父的信上提到了那回事，行文带点儿调侃。看了这封旧信我感到好玩儿，就把这一段念给父亲听。父亲听了笑着说："我还跟这位太虚的法师打过笔墨官司哩，在做学生的时候。他当然不会知道我就是那个年轻人。"文章不知刊登在当时的哪张报纸上，找来对证是没有可能了。

《潘先生在难中》的这位主人公，原型是谁就没法说了，他是个集合体，也是个标本。时代背景是江浙战争，碧庄就是黄渡，当时成了战场。让里就是苏州，不少中上人家当时纷纷躲进了上海的租界，潘先生这样的人物有的是。我们家住在上海闸北区，也随大流在租界里临时租了间后楼，跟北火车站只隔一道铁栅栏；母亲带着祖母和妹妹住在铁栅栏那一边，父亲和我住在铁栅栏这一边，因为父亲得上班，我得上学：跟小说中刻画的潘先生相比，当然说不上狼狈。父亲写这个短篇是谴责潘先生呢，还是剖析自己呢？至少兼而有之吧，我想。何况该受谴责的，决非潘先生那样自己把握不了命运的人。

重读短篇《夜》，我又回忆起"四一二"事变后的许多琐事。母亲当时被列进了秘密的搜捕名单；沈雁冰先生的日记落到了侦察队手中，上面记着某月某日曾去仁馀里廿八号开会。消息都是小报透露的，说得着着实实。仁馀里廿八号是我们家，这个家是回不得了，只好在斜桥附近租了个楼面暂住，那一带当时还很冷僻。祖母让姑母接走了，我让母亲的二姑母带回了苏州。从种种迹象看，父亲和母亲是作了准备的，甚至作过最坏的设想。在那恐怖的日子里，《夜》的构思很可能已经在父亲的胸中开始孕育了。郑明德和梁闺放夫妇双双被残杀的传闻，好似剖开了一个成熟的瓜，使这篇《夜》，成了最先出现在《小说月报》上的谴责"四一二"大屠杀的小说。

《赤着的脚》跟读者见面，比《夜》晚了一个来月。那本《纪念孙中山》专刊略去了写作的日期。专刊征稿早在中山先生逝世后不久，那么《赤着的脚》一定在两年以前就写得了。父亲很尊重中山先生，得知他逝世后才十天，就发表了悼念短文《纯乎其纯》。上海市民在老西门体育场开追悼大会，王伯祥先生牵着我赶去参加，在拥挤的人丛中，远远望见父亲也挤在主席台上。《赤着的脚》很像一篇现场特写，可是我父亲没见过中山先生，在广州举行的那次农民大会，也只可能在报纸上看到。中山先生当时的内心活动，当然出于我父亲的揣摩。经历了辛亥革命的失败和以后的屡次挫折，看到赤着的脚在革命的旗帜下聚集起来，中山先生的激动和喜悦是合乎情理的。我猜想父亲写这个短篇正是北伐军取得节节胜利的时候。在那些日子里，父亲跟我讲过许多次，革命部队所到之处，农民群众如何公审土豪劣绅；还轻轻地教我唱会了“打倒列强”这支歌。

《冥世别》当然不是童话，才发表的时候，我这个孩子就没看懂，倒引起了许多可怕的回忆。奉军的执法大队手捧大令，背负大刀，凶神似的在宝山路上来回巡逻；北站的电线杆上挂着示众的人头，报纸上经常出现被枪杀的尸体照片，罪名都是“革命党”。因而我想，父亲写的五个青年鬼魂一定是那时的革命党了。我的猜想没错，在“一二·九”运动那个冬天得到了证实。有一天父亲愤愤地跟我说：国民党的那些当局者，又把青年学生说成是被人利用的没有主见的工具；当年“清党”，他们就是这样说的，还写进了他们什么全会的宣言，甚而至于把在他们上台之前，冒着生命危险鼓吹革命的青年，说成是被他们利用的工具。父亲说他看了实在气忿不过，写了篇《冥世别》，批驳那个荒谬的所谓宣言。我忙把《冥世别》翻出来仔细读了一遍，虽然是高中生了，还没全看懂；只知道父亲对“利用”啦“工具”啦那些话特别反感。记得抗战后在《中学生》上，父亲又发表了杂文《谈“利用”》，没用童话的外衣作掩护，说得明快多了。

抗战中在四川的八年，父亲只写了五个短篇，除了那篇较长的，我都编进了这本选集，倒有三篇是纪实。《我们的骄傲》写的黄先生，其实是章伯寅老先生，苏州教育界的老前辈；幼时的同学邹君是章元善先生，戈君是顾颉刚先生，孙君是周勖成先生。听得章老先生摆脱了重重羁绊，从沦陷的家乡历尽艰险到达重庆，四位旧同学特地相约，一同去他寄居的川东师范探望。父亲的日记在乐山遭敌机轰炸时烧掉了，要不然连日期都查得出来。章老先生后来一直在女子师范任教。胜利后的那年年底，我们全家乘木船从重庆启碇东归，第二天傍晚停泊在洛碛，父亲爬上高坡去跟章老先生辞别。直等到星斗满天，才望见父亲拿着火把从坡顶拾级而下。父亲说章老先生定要送到江边，火把也是他老人家给买的。

《辞职》写的青年其实是钟博约君，年纪跟我相仿，爱好文学，常常来陕西街看我父亲。在小说的结尾，父亲说自己欲言又止。我知道父亲本想告诉他，学校也不是什么清净的地方。那时我正当着初一的级任老师，许多不顺心的事，不中听的话，只能回家来跟父亲说。记得有一回，难得见面的校长突然乘着自备的包车来到学校，召集级任老师传达上头的话，说要注意青年教员，尤其注意不争钱多米少又特别卖力的青年教员。为了“暂时维持他的想望”，诸如此类的话，叫父亲怎么跟钟君说呢？钟君这一去就没见过面，只给我父亲来过几封信，免不了说些愤愤的话，幸好没落到受注意的地步。一年半后，我们家离开成都，只得把他寄存的破皮箱留在开明分店，写信请他有机会去取；是否取走了，没有下文。他倒辗转托人追到重庆，给我父亲送来了一个绿石雕的水盂。

《春联儿》写的老俞，我后来倒见过一回。一九五六年冬天有事去成都，临行前父亲关照我，一定要到新西门外看看老俞是否还在。老俞还在，还在推鸡公车；又过了十年，自然越发苍老。见了我好像鲁迅先生笔下的闰土，脸上现出欢喜和凄凉，动着嘴唇，半天才出声，问我“老师可好？”话不太连贯，东扯一句西扯一句，总之当兵的儿子还没回来，似乎在外边成了家。最后我送了他二十块钱，他犹豫地收下了，没有道谢。我忽然觉得好像侮辱了他，连忙跟他告辞。回到北京，我把这次访问一五一十告诉了父亲。父亲呻吟了好一会儿，没责备我也没说我做得对，只长叹了一声。

每一回读《邻舍吴老先生》，我眼前就浮现两个人的影子。一位是经常来串门的马老先生，他快乐活泼像个孩子，老忙忙叨叨地，说不满十句话又转身走了。听说他只孤身一人，是跟着亲戚避难来到成都的。一位是胡赞平先生，年纪在我和父亲之间，抗战之前就到成都当家庭教师，在成都成的家。父亲常留他喝几盅，海阔天空地闲聊。知道我失了业，他给我谋了个中学教员的位置。我们家离开成都，汽车票是他搞到的；一大清早，他还赶到车站帮我们张罗行李。他自己没回乡，真个成了迁川第一代世祖。他们两位都没有当公务员的儿子，跟小说对不上号。这个儿子分明是我父亲根据入川老公务员当时的心态虚构的。小说中吴老先生说的话，我都听父亲说过，在他每一回听到家乡消息的时候。父亲是爱家乡苏州的，从《城中》开头的那段描写就看得出来；他厌恶的，是那些出身于所谓“诗礼之家”的人物。

一九八六年秋天，我开始编《叶圣陶集》。父亲本来不太同意编，看我忙得不亦乐乎，坐到我书桌旁边的椅子上跟我说：“不要编了吧。没有一篇像个样子的，又都是旧东西，编来编去有什么意思。”我说：“也有很不错的呢，我拣短的念一篇你听听。”我念的是《一个朋友》。父亲听完了微笑说：“这一篇倒还可以。”我说：“记不起来了吧，是六十六年前写的哩。”此后，父亲不再唠叨了。他当时的笑容，永远深深地印在我的脑海里。

一九九七年十一月六日

《学生阅读经典——叶圣陶》序言

选编集子，先得问该选哪一类文篇，是编给谁阅读的：两者都明确了才好动手。这本集子挺简单，只要选我父亲的作品就成，读者的对象是学生，大学生、中学生、小学生似乎都包括在内。出版社的规定如此宽松，倒叫人不敢马虎随便，我逐篇掂量，决定取舍，虽然做不到篇篇都既适合小学生，又适合大学生，至少也得找出若干篇来，能够勉强合乎这个要求。

给学生选编我父亲的集子，童话是必不可少的，我是怎么选的呢？举个例说，"拜金主义"，"享乐主义"，近来又偶尔出现在报刊上，这是两种什么"主义"呢？三言两语还解释不清楚。在《富翁》那篇童话讲的那个地方，有句老长辈教育儿孙们的传世格言，却讲得既简洁又明白。童话是卡通式的，逐步推出这两种坏"主义"的祸害，而结局又是不可逆转的。那个地方的人个个成了富翁，都捧着金块啃着金块，统统饿死了。您不妨试试，念给还没认字的孩子们听听，他们也准会说："该！"

在父亲的五十多篇童话中，我最喜欢《古代英雄的石像》。头一次读，我才十一岁，读的是父亲才写得的手稿。如今已经过了七十二个年头了，有时候想起那个石像得意过了头，竟跟垫在他脚底下的做座子的小石块耍起骄傲来，结果让小石块们你一言我一语，驳得狼狈不堪，叫我忍不住还会笑出声来。这篇童话是为中学生写的，当时发表在《中学生》杂志上，我想大学生读了其中的某些妙语，也许会引起更多的有意思的联想。

父亲是一九二一年年底开始写童话的，总共只写了十五个年头，最后一篇是反映“一二·九”运动的，也是六十五年前的事儿了。因而我一边编着，心里总有点儿不踏实，担心小读者分不清写作的时代。五年前，我给父亲的二十四篇童话写了说明。《瞎子和聋子》的说明我是这样写的：

在过去的那个旧社会里，到处是可怕的景象和可怕的声音。人们见惯了，听惯了，丝毫不觉得奇怪，甚至以为世界本应该如此。

以为世界本应该如此，用不着改变，也没法改变，如果人人都这样想，那才是最最可怕的。幸亏事实并非如此，不合理的旧社会不是终于被推翻了么？

童话是七十年以前写的，如果现在写，结局肯定是另一个样子：瞎子和聋子的心愿统统得到满足，一个看个没有够，一个听个没有够，都快乐得没法用言语来表达。老风车如果还要警告他们不要反悔，它肯定是老得犯了糊涂。

阅读小说，多数篇更非得弄清楚所谓的“时代背景”不可，就是要弄清楚所写的是哪个年代的事儿。我父亲写过九十篇短篇，选进这本集子的只十四篇。其中的《秋》时间跨度比较长，其馀的十三篇，大多只写发生在四五天之间的事儿，甚至就在半日之内，要弄清楚时代背景并不太难。最后那三篇一看就明白，写的是处在抗日战争时期的三位老年人。往前三篇，都写的抗日战争之前，事儿发生在上海和附近的城镇中。再往前推，《夜》写的蒋介石叛变后滥杀革命青年；《赤着的脚》写孙中山为“打倒列强除军阀”，在广州积聚革命的基本力量。再往前推就是军阀割据时代。原来那时的小学教员也曾为索取欠薪作过抗争。地方上的教育经费哪去了呢？局长造了新公馆，委员们要吃花酒，大帅们为争夺地盘要军饷。一旦真的打了起来，中学校长潘先生不得不挈妻荷儿，悄悄地逃难去上海。

我父亲不擅长凭空虚构，他笔下的主要人物几乎都有原型，故事情节也多少有点儿影子。《小蚬的回家》只写了两个人，一个是我，那时不满四岁，另一个当然是我父亲自己。《邻居》至少有一半写的是真事。横遭日本浪人骚扰，咬着牙仓猝搬家的，就是父亲的好朋友王伯祥先生。小说中的那位爸爸，性子，行事，举止，言谈，表情，活脱就是个王先生。

也有些人物，我想不出原型是谁，前头提到的潘先生就是一个。时代背景是一九二四年的江浙战争，战场在苏州和上海之间的黄渡，小说中改成了碧庄。那个让里其实是苏州，不少中上人家听得风声渐紧，纷纷躲进了上海的租界。父亲选中了这位公立中学校长当他们的代表，不会没有缘故。他一向厌恶那些道貌岸然，而心里只知道打小算盘的君子们，如今就请出潘先生来，让他在逃难的历程中受些儿狼狈，露些儿心迹。总的说来，似乎讽刺多于谴责。父亲说他写东西，往往把主要的意思放在结尾。潘先生在难中挨过了二十多天，他的心何曾得到过半刻安宁，结果却服服帖帖接过同事们塞在他手中的笔，书写起准备挂在欢迎“杜大帅凯旋”的牌楼上的对子来。歌功颂德的现成句子写在蜡笺上分外顺溜。才写完第三条“德隆恩溥”，潘先生突然顿住了，眼前出现了一连串战祸造成的可怕景象。

潘先生怎么啦？这个掌握不了命运又只顾自己活着的可怜虫。

九十来篇短篇加上长篇《倪焕之》，父亲的小说就尽在于此了。散文的篇数要比小说多上若干倍，可是散失的不少，至今还没法作“不完全统计”。我把讲文学创作和作品赏析的一部分划了出来，编在后头，加了个《文艺杂谈》的标题。其馀的仍旧称作《散文》，写人的选几篇，记事的选几篇，发议论的选几篇，总之希望花色品种多一些，还希望经常出现在选本上课本上的少一些。读者一定也这样希望。

编进《文艺杂谈》中的九篇散文，可能让读者多点儿新鲜感。一般的小说集散文集只收作品，这儿有好些篇，如《临摹和写生》、《开头和结尾》，却告诉读者从何处入手，比较有希望写出个像个样儿的作品来。赏析作品的那篇也颇有特色。父亲总是真诚地把自己的体会和盘托出；而且总是那么热忱，好像吃到了好东西定要夹一筷子到朋友的碗上，非得让人家品尝不可。

二〇〇一年九月六日晨三时

《涸辙旧简——叶圣陶贾祖璋京闽通信集》前　言

1. 可不，全都是上个世纪的事了，我的父亲圣陶先生和贾祖璋先生都在一九八八年先后过世。柏松兄和我都记得“文化大革命”期间，祖璋先生路远迢迢迁居福建，两位老人家就此书信不断，可是谁也没料到竟然积累了两百多通。真亏祖璋先生的细心和恒心，把这一大摞书信保存得如此整洁完好。

在晴窗下，我读了一通又一通，宛如听两位老人家娓娓而谈。忽然脑海里闪过一个念头，我放下书信对柏松兄说：“看来把老人家的通信编印成集，是你我两个做儿子的责任了。这样一本别致的通信集，会有读者愿意看的。‘十年浩劫’，不少老一辈的文化人也横遭折磨，有的还赔上了性命：一般读者大多已经知道。可是也有不少跟你我两个的老人家差不多，没沾上太多的边，那一段艰难岁月究竟是怎么熬过来的呢？看了这首尾衔接的两百多通书信，读者至少能明白个八九成了：两位老人家虽然成了庄周在寓言中描摹的‘涸辙之鲋’，到底还能‘相呴以湿，相濡以沫’，还能凭借书信相互劝慰，相互勉励。在老一辈文化人的视野中，希望之光从未熄灭，也不会熄灭。我说的有点儿近情吗，柏松兄？”

“是这么回事。”柏松兄完全同意。他说他父亲在日，就打算编这样的一本通信集。文字是现成的，难的是书名，他父亲和几位朋友考虑来考虑去，还没找到个合适的。

我想了一会儿，扳着指头说：“明白老实，莫过于《叶圣陶贾祖璋京闽通信集》，总共十一个字，未免太长，买书的卖书的都记不住。仍旧打庄周那个寓言的主意，用‘涸辙’比喻文化人那时的处境，后边加‘旧简’

两个字——《涸辙旧简》。书信是旧的，决非写当前的事，不至于造成误会。只可惜用词太‘文’，看来那十一个字还不能扔，得印在封面上作《涸辙旧简》的注解。您说这样办好不好，字号当然得用小一些儿的。如何安排，请美术设计的朋友去考虑吧。”

2. 柏松兄回福州去了，带走了全部书信。他看我这一阵子精神欠佳，定要我将养个把月再说。为了抓紧时间，稿子让他梳理一遍之后就给我寄来。

稿子不在案头，一些零星的回忆却时不时在我脑海里浮起。我父亲长于祖璋先生其实不足七岁。一九二三年，俩人就在商务印书馆同事。那一年年初，我父亲进了编译所国文部，把一家老小从苏州搬到了上海；就在年底，祖璋先生从家乡海宁来到上海，考进了商务的仪器标本实习部。我想肯定有人会说他又发戆：杭州浙江一师的毕业生，在家乡海宁当了两年高小教员；笔下又来得，在上海《时事新报》、《民国日报》都见过他的文章；新妇又是从小青梅竹马的表妹：干嘛要自轻自贱，拎了铺盖独个儿去上海当什么实习生呢？他们哪儿知道祖璋先生早就对花鸟虫鱼喜欢得入了迷。在西欧许多生物学家的传记里，他得知他们无不是制作标本的能手，就在制作的过程中，他们对各种生物进行了精密细致的观察和比较。如此可贵而难得的机遇正向他迎面扑来，他怎么能轻易放过。回家过完年，他就掮着铺盖走进商务，当他的实习生，从头学起。

当实习生的那四年，祖璋先生没有虚度时光，除了规定该学的该做的制作和鉴定仪器标本那一套，还自学了日文、英文和德文。商务当局也许看他又用功又安分，调他到编译所博物生理部，跟我父亲在国文部一个样，主要也是编教科书；俩人工种相同却仍旧没有机会相识。周建人先生主编《自然界》，经常刊载祖璋先生的科学小品，如《杜鹃》、《黄鸟》之类。我父亲看到谈的是自然科学，却还不时引些诗词典故，觉得很有滋味；没想到这位署名作者就是天天见面的，带着点儿腼腆的年轻同事。

3. 事终于起了变化，送走了二十年代，我父亲让朋友们拉进了开明，从此离开了商务的编译所。他自己说“开明的老朋友多，共同做事兴趣好些”。

写到这儿得补上一段，说一说我父亲的老朋友章雪村先生。雪村先生在商务主编《妇女杂志》，因为发表了一些讨论性道德和普及性知识的文章，触怒了那些以卫道士自命的权势者，笔墨官司打了年把，结果是商务当局顶不住压力，将雪村先生辞退了事。雪村先生哪里肯服输，又有朋友同情他支持他，一九二六年一月，以妇女问题研究会的名义创刊的《新女性》就出版了，亮出了跟《妇女杂志》唱对台戏的架势。又过了八个月，开明书店的招牌就挂在了四马路的一个拐角上，门面虽窄，陈列在橱窗里的本版书却颇引人注目，单看封面，就感到有股蓬勃的新意。

书店办起来了，我相信雪村先生一定怀着超赶商务、中华的雄心壮志。经过三年探索，才深知靠弄弄笔墨的朋友凑起来的这几文本钱，至多能认真出好几本书而已，要在出版界站住脚跟，可得闯出一条自己的路子来。老朋友们大多自学出身，都不满意当时的学校教学，商量到最后，肯定地归结到一个中心：为什么不把开明就当做学校来办呢？读者群中本来青年最多，他们大部分失学，能进学校的只是一小部分，可是没有谁真个关心他们的成长。让他们做开明的学生——书店的主要读者吧：让他们有自己能读懂的并引发思考的新课本；为了排挤掉那些无聊无益的闲书，还得有门类众多又趣味盎然的读物供他们选择。应该给他们特地编一种刊物，就叫《中学生》吧，除了帮助他们联系实际学习各门课程，更得紧跟时代的步伐，给他们介绍各种新知识，跟他们讨论切身相关的新问题。

商量停当，朋友们推夏丏尊先生担任开明的总编辑，兼《中学生》杂志社社长。大家说凭丏尊先生在教育界的声望，还有他对青年的感召力，让他来带头，定能把开明这个小书店，办成个启发青年自学的理想学校。书店小不讲究分工，有事儿谁能干谁就揽去干。忙了一阵子，赶在一九三〇年春节前，《中学生》创刊号在读者面前亮相了，挺厚实的一大本，编者和作者的态度都直率而亲切。刊物引起的轰动，等于把开明的发展蓝图公之于众了。虽说没订契约，自己向社会作了承诺怎么能食言呢？看来除了添加人手没有别的办法了。我父亲就在这样的背景下被拉进开明，给丏尊先生当助手。两位老人家对教育的看法基本相同；对文学对艺术的见解，我父亲常说丏尊先生比自己深挚得多，进了开明正好随时向他学习。

工厂那一天送来一份清样，是祖璋先生的《鸟与文学》，让我父亲签字付印。父亲读了丏尊先生作的《序》，才知道祖璋先生是浙江一师出身，跟丏尊先生学的国文，立刻想到生物这一摊没有内行负责，何不把他请了来呢？丏尊先生却不怎么同意，长叹了一声，他说："一师进开明的有好几个了。祖璋在商务还有口饭吃，过后再说吧。有事可以让他帮忙么。"

4. 丏尊先生没算准，商务这口饭也是吃不长的：一九三二年"一·二八"之役，在国内都堪称一流的机器、厂房、仓库，尤其是东方图书馆的藏书，全都毁于日本侵略者的炮火。七十年前的那场大火，至今我闭上眼睛还能看见。在苏州河以南向北边望，无日无夜，漫天的火舌卷着浓烟，纸灰飞飞扬扬，像一阵阵黑色的雪片，最后落在墙角落里。常有人叹息着捡起来，识辨是哪部善本的残页。祖璋先生正回家过春节，本打算年初四回上海的，没想到这天早上路就断了，只好闷在家里，对着夫人孩子空着急。等到事态平息，商务因损失惨重，不得不紧缩规模，裁减人员，宣布为的是早日恢复实力，共赴国难。话是怎么说的我记不清了，总之是这么个意思。祖璋先生结果还是进了开明。柏松兄一定还记得，那时他正要进小学，祖璋先生索性在附近的弄堂里租了间房子，把他和他母亲都接到上海来住了。

开明在"一·二八"中损失不算大，只二月份的《中学生》已经印齐，在装订作坊里烧成了灰。过后按数重印，订阅的读者都给补寄了，按期零购的仍可以在书店里买到。记得给读者还附了封道歉的信，说明了原委。跟喊几句空泛的口号相比，这样办似乎稍强些儿。

还有王伯祥、徐调孚、金仲华等好几位先生，原来在商务的，也是那时进的开明。老朋友更多了，我父亲兴致更好了，常听得他们高谈阔论。写什么文篇，约什么书稿，甚至某些较大的策划，如创办函授学校，缩印《二十五史》，在我的印象中都是他们在闲谈中谈出来的。分工好像用不着商量，谁有把握就谁去干。一部小学自然课本，祖璋先生编撰植物、动物、生理等部分；另一半物理、化学等等，就由顾均正先生担任。《中学生》上关于生物的稿子，大多由祖璋先生撰写或审定。他是不知疲倦的。陈望道先生那时主编《太白》，前后两年就发表了他写的科学小品十二篇；花鸟虫鱼，引人入胜的材料拈来就是，就缺写下来的工夫。他还在跟弟弟祖珊先生一同编绘《中国植物图鉴》。在自然科学方面，当时我国还没有一部类似的工具书。

我父亲自己定下个规矩，《中学生》和青年读物发稿之前，非得通读一遍不可。他说当编辑的该自己检验一下：不管哪个科目的文字，要自己读来没有疙瘩，才有把握让读者读了能理解；还要自己读来感兴趣，才可能让读者也读出点儿滋味来。日子长了，他对本来生疏的某些科目，真个读上了瘾。《中学生》连载《宇宙之大》，为了观察星星，他托内山书店代购了一具天文望远镜，还买了一张商务印制的活动星图。后来《中学生》连载高士其先生的《细菌与人》，又要我给打听显微镜怎么买。几家洋行的橱窗里有陈列的，标价四五百元。父亲也嫌贵，说请祖璋先生找找看。就在那个星期天早上，祖璋先生提着个小木箱气喘吁吁地赶来了，才坐定就打开了木箱。我看那镜架笨拙而粗糙，也许皱了皱眉头。祖璋先生也许觉察了，忙说："镜架是个小工厂配的，看相差点儿；镜头是道地的德国货，蔡司的出品，靠得住。要价才一百元，我说不值，硬扣了他四块。"我父亲谢了又谢，付了钱，请祖璋先生再坐坐。他如释重负，摸出手帕来擦了擦汗，站起身来说："有个朋友在家里等我拿稿子。显微镜不适用，明天上班跟我说一声，可以退的。"

5. 一九三七年抗日战争爆发，开明的总管理处、编辑部和仓库全被焚毁。雪村先生等同我父亲到了汉口，打算在内地继续出版《中学生》和少数图书；我母亲扶老携小随后跟了去。没想到走水路内运的纸张、纸型，还有租来的几架小印刷机，过火线时全被日军掠走了。原先的计划只好作罢，雪村先生绕道广州回上海去了。我父亲有位住在重庆的亲戚盛情相邀，一家老小就进了四川，父亲又当起了教书先生。

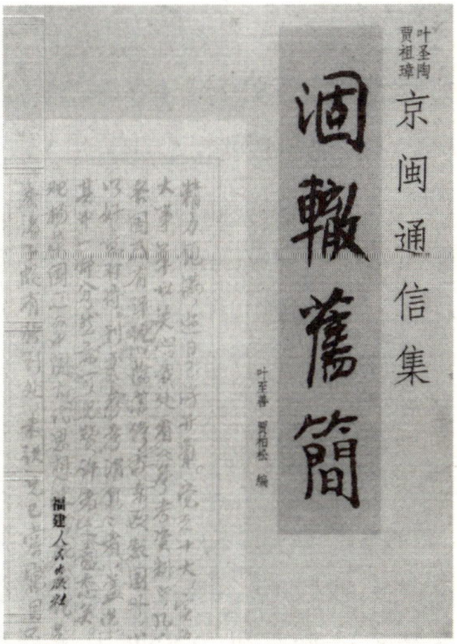

《涸辙旧简》书影

父亲落了单，更加想念留在上海的老朋友。在开明的，数伯祥、调孚两位先生笔头最勤。父亲半个来月去一封信，请他们给各位朋友传阅；专写给某一位的，就请他们转致。上海来的回信由他们两位归总，每回也都是厚厚的一大叠。哪位朋友最近怎样了，读了那么些信多少能得点儿消息。子恺先生告别了他的缘缘堂，一大家子人在路上受了多少辛苦，总算到了长沙；怎么又去了汉口呢？真叫人猜不透！彬然和祖璋两位先生都把家眷安顿在家乡，先后到了桂林：一个在搞文化供应社；一个在师范学校教生物，兼了两班国文，居然还有工夫写科学小品，真难为他的。

桂林当时政治空气特殊，聚集了不少文化人。胡愈之先生也在桂林，他不算开明的职员，可是从创办开始，许多有分量的主意几乎都是他出的，尤其在某些紧要关头。看到开明的老同人，除了彬然、祖璋两位先生，宋云彬先生也到了，愈之先生说："我看人手还够么，在桂林可约稿的朋友有的是，何不把《中学生》先办起来？青年读者一定欢迎的。现在是战时，局面变得快，一个月出一期肯定满足不了他们的要求，最好出周刊，至少也得出半月刊。"三位本来就舍不得开明和《中学生》，愈之先生这样一煽动，哪有不赞成的。只有一件，《中学生》杂志社社长丏尊先生在上海，可能给他惹些个麻烦。商量下来，决定让我父亲挂个名，于是写航空信到乐山，说明前因后果，征求我父亲的意见。我父亲当然同意，回信说半月刊讲求的是时效，稿子他来不及看，请各位多费心。出版后收到了，他一定逐篇细读，有意见一定提。《中学生》战时半月刊于一九三九年五月初开始出刊。我在父亲的日记上只看到提过一回意见，好像是关于战时经济的一篇。

愈之先生刚把《中学生》这个架子搭好，又匆匆忙忙赶往新加坡，去创办一份宣传抗战的华侨报纸。开明在桂林有个分店，印刷、发行方面的交涉，《中学生》可以让分店出面；编辑方面杂格隆咚的琐事，主要压在彬然、祖璋两位先生肩上。忙一点儿倒算不得什么，最苦的是心神不得安宁，家乡不时传来消息，说敌军又骚扰附近某地。第二年趁学校放暑假，祖璋先生决定试试，冒险回乡去接夫人和柏松兄弟仨。好容易到得江西浙江交界，炮火连天无法再前进，他只得折向东南去了温州。此后传来消息，说他老在温州、青田一带转悠，无非教书作文或编些什么。直到抗战胜利，朋友们才知道他在两年前遭了大不幸，夫人唐莲芳女士在故乡病逝，他竟没能见上最后一面。

6. 有人赞我记性好，几十年前的陈年老账，连日期也能报个大致不差。说穿了并不稀罕，举个例子：我和满子是一九三九年六月初在乐山结的婚，在桂林创刊的《中学生》战时半月刊是前不久看到的，按那时的邮递速度得走二十来天，可以推定出版的日期在五月初。一九四五年年底，我们家随开明的复员船队，从重庆逐流而下，几经周折，第二年二月上旬才回到上海，就见着了祖璋先生。开明给各地复员归来的同人分配了住房。祖璋先生和两位单身同事被安排在楼下一间集体宿舍里，楼上是我父亲母亲的卧室。

暑假中，祖璋先生把柏椿、柏楙俩从家乡接了出来，让他们念小学。集体宿舍本来不宽舒，又添了两个孩子一张床。父亲上楼下楼见了不免嘀咕，说挤得像四等舱。母亲有一回接茬说："是勿落位。祖璋先生一个男的，带着两个正在拔长的小儿子，怕衣着也弄不周全。长此下去总不是事，最好帮他娶个续弦。"满子说她的金家二表姐幼霞，三十二三还没出嫁，没读过书，却一定要嫁个跟她夏家爹(就是丏尊先生)一样脾气温和的读书人，因而把婚事给耽搁了，还在帮她大姐料理家务。母亲叫满子不妨去试试，跟表姐说清楚，新郎官是她夏家爹教出来的学生；祖璋先生那里由她自己去说。双方回话都说"先见个面吧"。见个面其实是程式，俩人都斜签坐着，找不到话说，好像只等才沏得的茶快点儿放凉。双方都不表示异议，当然全票通过，连鼓掌也用不着了。于是把集体宿舍稍作装修，改成洞房。两位单身同事和柏椿、柏楙兄弟俩都另作安排。花烛之夜的日期挺容易记：一九四七年元旦。

隔了九年，祖璋先生才开始重温家庭生活。他不会忘记那天下班回家，桌上又添了半壶才温得的绍兴；每天晚上写稿，又有人做着针线在一旁陪着；柏椿、柏楙俩上学，换上了熨平的新罩衫；还有哩，四年内又给他添了柏榕、柏棣两个儿子。有了个家真是好，参加土改，去外地开会参观，都没有什么放心不下了。这些都是后话，既然想着了，我随笔记了下来。两位老人家在信中大多要提到。我性子急，把该写在后头的注，写在了前头。

还有一条注，也似乎写在前头比较好。那是"文化大革命"前期，两位老人家——一位是教育部副部长，一位是科普出版社副总编辑，都早靠边站了。一九六九年五月，祖璋先生的夫人割除了乳腺癌。八月底边，上头忽然通知各机关，没有必要留在城市里的闲员连同家属，一律疏散去农村，自行投亲靠友。祖璋先生决定投靠柏松兄——上海解放时柏松兄参加南下工作队，已在福建结婚安家，当时下放在平和县坂仔公社。我父亲听说，劝祖璋先生说他夫人尚未完全康复，有理由申请留在北京，至少拖一段时间再说。祖璋先生却毫不在意笑着说："没有问题。"他真是听话听到了家。一九七〇年初，夫妇俩好容易到达了在地图上很不容易找到的坂仔，住在打谷场用土砖垒起的小屋里。四月，夫人癌症复发，祖璋先生陪她到厦门、上海两地就医，均无效，在第二年十一月底亡故。看了祖璋先生浸透凄苦的来信，父亲在复信中又说了许多劝慰的话；后来又把自己怀念我母亲的一首新作抄寄给祖璋先生，实做到"相濡以沫"。顺便添条小注：我母亲患的也是癌症，也动过两次手术，于一九五七年三月初离开人世。

7. 最有意思的是在这本通信集中，几乎没有一通不说到花花草草的，有的还兼及鸟兽虫鱼。一般是我父亲设问，祖璋先生回答。父亲的问题往往是根据自己的见闻提出来的，有的很冷僻，在一般的工具书上很难找着。祖璋先生总是不惮其烦，仔细作答。看得出来，为了考证某些疑点，他查遍了架上的全部藏书，有几通长达一千五百来字，俨然是篇科学论文。

我父亲自幼喜爱动手种植花草。在苏州人家的庭院里，少不了很容易栽活的凤仙、玉簪、鸡冠、蜀葵之类，到了开花时节，自然使栽种的孩子们感到成功的喜悦。一九〇六年春天，苏州开始办小学，教员大多是去日本受过短期师资培训的年轻人。我父亲是第一班学生，还不满十一岁半，小学里的一切，连黑板粉笔，他看着都新鲜，尤其是在私塾里从没学过的各门功课。他忘不了龚赓禹老师上第一课常识，挟着一棵蚕豆一棵油菜走上讲台，给大家讲这是蝶形花冠，这是十字形花冠，又掰开花瓣，让大家识别雌蕊雄蕊。一朵小小的花里藏着数不清的奥秘，自己栽种的那些花草又怎样呢？父亲从此养成了观察的习惯，哪个时节萌芽，哪个时节开花，都能了然于胸；观察越仔细，发现的问题就越多，解决不了的只好记在心里，等机会再请教稍有空闲的方家。旷日持久的所谓"大革命"，使人尝够了"闲愁最苦"的滋味，这"闲愁"还得自己想办法消解。我父亲接二连三向祖璋先生提问题，也许就为的这个；祖璋先生有问必答，仔细认真，也许也为的这个。他们俩自己可能未必意识到。

父亲和祖璋先生的通信集中，常常谈到牵牛花。一般新文学作品选本中常见的那篇《牵牛花》，是我父亲在一九三一年发表的，至今还受到选家们的青睐，想来还是“修辞立其诚”的功效，事是真事，情是真情，不打妄语。在这本通信集中，父亲仍保持着旧时的风格。祖璋先生的复信也都意实情真，许多片断思路之开阔，引证之广博，笔调之清新，并不亚于他先前写的科学小品，甚至有超过的。我不否认，对写信人收信人都熟悉到如此程度，难免使评判的天平产生少许倾斜，但是影响不了大局。一封信写得是好是坏，客观标准是有的；根据标准评头品足，也是可以的。我想这标准，主要就是写信人对收信人的理解是深是浅。叫“心灵相通”也可以，但是决非什么“第六感”，而是实实在在由经验积累起来的认识和感情。

一篇《前言》写了七千多字，人老了果然话多？似乎还不至于。也许是受了某些文艺节目主持人的传染吧。某些主持人握着话筒，就跟我握着笔一个样，非把肚肠角落里的话全倒个干净才肯罢休。看电视无可奈何，只好眼巴巴对着屏幕上的主持人，单等他宣布大赦：“有请某某女士(或某某先生)，大家鼓掌欢迎！”看书可不一样，看烦了翻过一页就得。您说是不是？

二〇〇二年九月二十六日

《老开明国文课本》序

七十二年前——就是一九三二年，上海开明书店出版了一部初等小学用的国语课本，共八册。我父亲叶圣陶(绍钧)先生写的课文，父亲的好友丰子恺先生绘的插图。课本一上市，果然有点儿轰动，受到了教育界的普遍赞誉。尤其小学教员，他们说有的教材内容陈腐，语言枯燥，插图呆板，孩子们见了就厌烦，哪儿来的学习兴趣。常言道“工欲善其事，必先利其器”，教科书本该编成这个样子。我父亲和丰先生受到了鼓舞，一九三四年，又完成了高等小学用的四册国语课本。

父亲和丰先生编这十二册课本的时候，我已经进初中了；七十年前的琐事，我还能想起一些来。父亲写的课文，尤其是歌谣，有些我还能背诵；丰先生绘的插图，我还记得一些轮廓。初小第一册第一课只两行：一行是“先生早！”孩子们的口吻；一行是“小朋友早！”老师的口吻。两句话都很短，初学的听一遍就会；七个字中有一个是重复的，论生字只有六个，笔画都不多，间架又清楚，容易认，比着写也方便。把这两句放在第一册开头，似乎还有些讲究。开学那天，初小一年级生是头一回跨进学校，觉得什么都既新鲜又陌生。见着老师，他们上前去鞠了躬，问了好；老师微笑着欢迎他们。等到上国语，老师发下课本，他们翻开一看，方才那温馨的一刹那原来已经写上课本了，还有像快照似的插图哩。插图上画着校园的一角，叶绿花红的美人蕉开得正盛，正是初秋时节。教课的老师如果善于启发，定能使孩子们感到学习的快活，逐渐养成观察和思考的好习惯。

一九三七年，抗日战争全面爆发。上海开明书店正处在火线上，受到了很大的损失，许多书籍只好停印，包括所有的小学教科书。直到一九八〇年，父亲已经到了我现在这个年纪了，有人约他写一篇《我和儿童文学》，他才回想起半个世纪前，曾编过这样一部小学语文课本。他说这部课本初小八册，高小四册，共四百来篇课文。四百来篇，“形式和内容都很庞杂，大约有一半可以说是创作，另外一半是有所依据的再创作，总之没有一篇是现成的，抄来的。”又说，“给孩子们编写语文课本，当然要着眼于培养他们的阅读能力和写作能力，因而教材必须符合语文训练的规律和程序。但是这还不够。小学生既是儿童，他们的语文课本必得是儿童文学，才能引起他们的兴趣，使他们乐于阅读，从而发展他们多方面的智慧。当时我编这一部国语课本，就是这样想的。”

《开明小学国语课本》绝版将七十个年头，早已很难寻觅了。忽然传来喜讯，上海科技文献出版社居然找到了一部完整的，将作为“文献”影印出版，书名简单明白，就叫《老开明国文课本》。我高兴之馀，遵嘱写了这篇说明。

二〇〇四年十一月十五日

《叶圣陶集》编后总记

写完第二十五卷的编后记，《叶圣陶集》的编辑工作就算全部告成了。正因为这样，觉得还有些话必须向读者交代，也就是说，还得写一篇总的编后记。

一九八六年，江苏教育出版社吴为公、缪咏禾两位同志特地到北京找我们，约我们编父亲的“全集”。我们贸贸然答应了，没想一想这件工作对我们来说是多么艰巨；当时只觉得“全集”这个“全”字得考虑考虑，真做到“全”，一定办不到，再说，似乎无此必要。改成“文集”吧，跟人民文学出版社出过的《叶圣陶文集》相重，也不太好。到底怎么办呢？我们去请教王泗原先生，他是我们父亲的好朋友老同事，父亲碰到一些难以解决的问题就常常跟他商量。泗原先生说“全”字“文”字都可以不要，就称作《叶圣陶集》岂不干净，何况单用一个“集”字是历来通行的。真是好主意，有了这个“全”字，只怕落得个“名不副实”；不标明“全”，我们一样可以尽可能做到全，还可以灵活一些，避开一些肯定会碰到的难题。征得了江苏教育出版社的同意，我们照泗原先生说的办，定名为《叶圣陶集》。

名称定下来了，我们问自己，编这部《叶圣陶集》要达到什么目的。父亲生于一八九四年，到一九八六年，已经跨越了九十三个年头。他从事写作的年代特别长，收集到的发表在报刊上的文章，最早的一篇写于一九一一年，而保存下来的最早的日记，是从一九一〇年开始的。他一生的工作主要在文学创作方面、基础教育方面、语言文字方面、编辑出版方面，而主要工具就是手中的笔。因而他留下的文字特别多，有记录工作的，有提出主张的，有反映生活的，有抒发感情的；时代跨度长，涉及方面广，形式又多种多样。我们应该把父亲的文字尽可能收集拢来加以梳理，分门别类编成若干卷，给阅读目的各不相同的读者，尤其是各个方面的研究者，提供他们需要的，近于完整又便于检索的材料。

编辑意图明确了，主要读者对象认定了，《叶圣陶集》就有了个粗线条的轮廓。我们把父亲一生工作的各个方面排了个队，估计一共得编二十卷。按这个次序，我们一卷又一卷地往下编。前边的十卷由于材料大半现成，符合原定的计划。后边的却估计不足，涨出了一半来，于是总数成了二十五卷。开头的第一、二、三卷是小说；第四卷是儿童文学作品；第五、六、七卷是散文，第七卷还有剧本；第八卷是诗歌；第九卷是有关创作的论说；第十卷是作品的赏析：文学部分到此为止。接下去，第十一卷是有关教育的论说；第十二卷是跟青年和少年儿童的谈话。语文教学占了四卷：第十三卷是一般的论说，第十四卷是阅读教学，第十五卷是写作教学，第十六卷是关于教材的编写。再往后，第十七卷是关于社会文风和语言文字改革的论说，还有序跋；第十八卷是关于编辑出版工作的论说和实例。日记占了五卷，第十九到二十三卷；最后的第二十四、二十五卷是书信。各卷都有说明内容的编后记，这儿不过开列个总目录罢了。

看了这个总目录，细心的读者可能会想，似乎还应该有个年表。我们不是没有考虑过。我们想年表如果太简略，起不了把全部二十五卷贯穿起来的作用；稍稍详细点儿，重大事件都有个来龙去脉，关系密切的人都有个简要的介绍，重要的作品都记上写作和发表的日期，注上发表在哪种报刊的哪一期上，这长达九十四年的年表至少占半卷的篇幅，那么书信只好减少半卷，缩成一卷半了。等编完日记编书信，我们发现如果把书信跟日记配合起来看，就等于有了年表，而且一般的年表决没有这样详尽。只是缺了从出生到中学快毕业的一段，在甪直当小学教师到抗日战争开始的一段；但是可以弥补，父亲还有好些篇回忆性的和自叙性的文字，主要在散文部分和序跋部分，要找还是找得到的。我们于是决定不再编年表，而在选编书信的时候多用一份心，尽可能使书信和日记相互呼应，密切配合，担起年表的作用。

总目录虽然不足三百字，把这二十五卷的文字收集拢来可是最繁难的工作。唐锡光、王仿子、李侃、夏宗禹、史晓风、俞成、俞润民、王湜华、顾潮、朱肇本等各位先生和朋友帮了我们不少的忙，有的提供线索，有的送来了抄件或复印件；把我们父亲给他们的信复印了誊写了寄给我们的，就更多了。尤其是商金林同志，我们需要什么，他就想方设法帮我们寻找，在长长的八年中，他始终是我们的得力助手。如果不是众人相助，这二十五卷的《叶圣陶集》是无论如何编不成功的。我们简直无法用语言，向各位先生和朋友表达我们出自内心的感激。

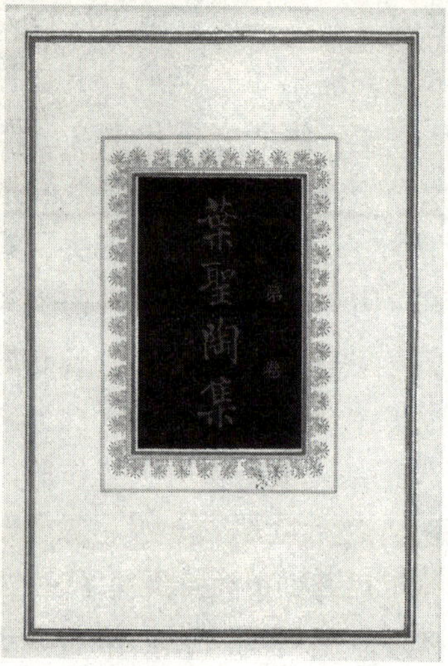

第一版《叶圣陶集》书影

我们以同样的心情，感激江苏教育出版社，感激担任排印的江苏新华印刷厂，感激《叶圣陶集》的责任编辑缪咏禾同志、常烽岚同志。如果单从经济效益着眼，这一类大部头书既累赘又无利可图。只因为我们父亲是江苏人，江苏教育出版社不仅提出了出版的创议，而且真心实意要把书出好，在设计、编校、出版等各个环节上都配备了精干的工作人员。交稿得按时，稿子要求“齐、清、定”，我们不是不知道，但是往往做不到。第二十五卷的稿子至今还在我们手中，就是个延迟交稿的例子。正文先发，附件后补，是常有的事；稿子有手抄的，有剪贴的，有复印的，跟“清”的规格相去甚远；“定”不“定”也很难说，在排校过程中还抽换过稿子。凡此种种，不但增加了排校同志的工作量，还打乱了出版社和印刷厂的生产部署。我们经常感到深深的不安。我们造成的漏洞，责任编辑都十分耐心地一一给补上了。相形之下，使我们感到羞愧。

现在是作最后冲刺了，大家鼓足干劲，一定要赶在我们父亲百岁诞辰之前，把这部二十五卷的《叶圣陶集》出齐。第一至四卷是一九八七年出版的，正赶上我们父亲最后的一个生日。父亲最不愿意重编他的文字，我们把四本崭新的书送到他的手里，他抚摩着，还是满意地微笑了，只嘀咕了一句：“等我死后再出也来得及嘛。”他没有想一想，我们子女三个那时已是六十好几奔七十的人了。至诚就没能干完，一九九二年，他过早地离开了我们。

一九九四年六月十日

《叶圣陶集》两个版本的说明

《叶圣陶集》共二十五卷，自一九八七年十月到一九九四年十月，分批挨次出齐；从着手编辑之日算起，得推前一年，总共花了八个年头。

一九八六年十月，父亲九十二岁生日前夕，吴为公、缪咏禾两位先生特地从南京赶来，代表江苏教育出版社向他老人家祝寿，并约我和至美、至诚编一部父亲的大型文集，要求尽可能全面地反映他老人家一生的生活、工作和思想。我们三个觉得这似乎是无可推卸的责任，只能应承。大体估算了一下：前头的文学部分，包括小说、童话、散文、诗歌和其他作品，以及关于创作的论说和对作品的评介赏析，至少得十卷；后头的教育和教学部分、语文教育和语文教学部分、文字改革部分和编辑出版部分，加上日记、书信，看来十卷还打不住。就算总共二十卷吧，每年发稿四卷，也得五年才能出齐。工程的艰巨自不待说，恐怕有六七百万字吧，大半得现找现抄。好在商金林同志编的《叶圣陶年谱》那时已经出版，可供我们按图索骥，陈年的旧报刊找不着，还可以请年谱的编者帮忙。

开头三卷是小说，除了父亲早年用文言写的得现找现抄，其馀的都有他老人家历年自编的集子作依据，不用费太多的工夫。第四卷是儿童文学作品。父亲自编的《稻草人》和《古代英雄的石像》，旧书铺里还有；印数少的如两个歌剧，就很难找了。还有不少作品散见于各个年代的课本中，报刊中，只好能找到多少算多少。多亏出版社调度得当，居然赶上前三卷，在老人家九十三岁的生日之前出书。吴、缪两位捧着才印得的开头四卷，又特地赶来祝寿，把四本精装的和四本平装的送到我们父亲手边。老人家脱下手套，挨本抚摩了一遍，没翻开来看——从小养成的翻书习惯，随着视力的衰退已丧失殆尽了。第二年春节前一天的上午，父亲永远地离开了我们。老人家当然不可能知道，又过了将近七年，《叶圣陶集》才大功告成，二十五卷，齐齐崭崭陈列在他百岁诞辰的纪念大会上。

《叶圣陶集》的卷数超出估算，问题出在后头；出版时间拖得那么长，主要问题也在后头。前头那十卷，作计划时心中有数，因而进行比较顺利。小说三卷按写作的先后编排：一九二三年年初以前的三集短篇编成第一卷；到一九二九年初秋又是三集，编成第二卷；第三卷是长篇《倪焕之》，加上以后的两个短篇集。儿童文学作品篇数很多，好在都短，分门别类都编进了第四卷。以下的三卷是散文，仍按写作的先后编排：抗战以前写的编成第五卷；以后写的以新中国成立划线，分别编成第六卷和第七卷。早年写的两个剧本正好编在第七卷的散文后边。第八卷是新诗和旧体诗词。作品全在于此了。跟着的第九卷是关于创作的论说，第十卷是对作品的评介和赏析：那前头的一半——文学部分十卷，跟计划居然没多大的出入。

西方有谚语说："开始得好，等于成功了一半。"我们已经完成了计划的一半，总可以松口气了吧。东方的先哲却说："不然，行百里者半九十。"我们还不能学那只兔子，在半路上打个盹。果不其然，才动手编教育和教学就碰上了难题，收集到的文篇大大超出了预计，针对性较强的还颇多，叫我们不敢随便舍弃，结果编成了两卷——第十一、十二卷。关于语文方面的篇数更多，以类相从分编成四卷：第十三卷是一般的论说，第十四卷是阅读教学，第十五卷是写作教学，第十六卷是关于教材的编写。再往后，关于媒体文风和语言文字改革的论说，加上序跋，合编成第十七卷；关于编辑出版的论说和实例，合编成第十八卷。日记占了五卷，自第十九到二十三卷；最后的第二十四、二十五卷是书信。出版社约稿时要求"尽可能全面"，大体上交代得过了，总的卷数可超出估算四分之一。后头的部分计划草率，文篇大半得现抄，拖延了发稿日期，使《叶圣陶集》推迟了两年才出齐。

多卷本的图书最忌分批出版，断断续续，两卷一批，三卷一批，没个准信，不知拖到哪年哪月才算完。《叶圣陶集》是分作十二批才出齐的，把销售部门的积极性消磨得丝毫不剩，又害苦了热心收藏的读者。要一本不缺把二十五卷配齐，真得把铁鞋踏破：这家书店回说早已售缺，那家书店回说当初就没进货。真要解决，办法倒是有一个的：书库里的存货虽然七零八落，二十五副纸型是一副不少的，出版社只要全部重印一批，不是就能满足读者的需求了吗？可是不成，就在上个世纪最后的十年中，印刷工业发生了迅猛彻底的技术革新：电脑排版取代了手工铅字排版；平版胶印取代了凸版铅印；排得的版子贮存在磁盘里，可以随时输出制成供胶印用的胶片，纸型成了废品，送进造纸厂回炉去了。先前铅印的图书如果要重印，对不起，技术革新不可逆转，得从电脑排版做起。《叶圣陶集》当然不能例外，这七百几十万字，排校一遍是多大的工程，我心中有数；出版社为《叶圣陶集》已经付出了多少人力物力，我心中也有数。我不忍再向出版社和吴、缪等各位，提出这样近乎苛求的重印建议。

没想到今年二月底边，缪咏禾先生打来长途，告诉我说《叶圣陶集》出到第八卷以后，那十七卷都只印了几千册；他们当初就有个想法，等出齐之后再一卷不拉，全部重印一次；如果我同意，出版社就开始作安排。我说那当然好，可惜晚了，即使纸型还保留着，铅印的机器已全被淘汰，要重印非重新电脑排版不可，那可麻烦了。他叫我不用担心，电脑重排不太费事，速度也快，还可以趁此作些必要的补充和改动。如此难得的机会，我怎肯等闲放过：马上说那就让我从头到尾通读一遍。这七百几十万字，读一遍可是件大工程，对于统一异体字和异形词的要求，恐怕只能放宽一些，至于校对，看来得全部拜托了。他答应一定负责到底；又说不用太急，哪天排齐哪天开印；再三叮咛，叫我量力而行，别把身体搞垮了。我再三感谢他关心，可是心里想，我还能做多少年呢？放下话筒，我立刻找出第一卷来从头读起。

有一天半夜醒来，想起《叶圣陶集》为什么要编这么多卷，前后花了七年才出齐；为什么书店里买不到，出版社迟迟不肯重印；为什么这一回重印的，会不同于原先的版本。这许多缠弯里曲的事儿，读者未必都知道：我这个编者似乎有责任作个扼要的交代。无奈上好的一支圆珠笔，到了我手上会变得越来越枯涩，涂涂改改十好几天了，才写成这篇杂七搭八很不像样的说明。

说明得加一段。第一版铅印的《叶圣陶集》共二十五卷；如今这胶印的第二版增添了一卷，总共二十六卷。

个人的多卷集一般都有作者的传略，都有集内所收作品的索引。《叶圣陶集》的第一版没有这两者，不能不说是缺憾。为了弥补缺憾，把我才写得的《父亲长长的一生》充作传略；跟缪咏禾先生特地编的前二十五卷的《集名和篇名索引》搭配，编成了第二十六卷。

第一版的发行工作搞得不好，给热心的读者和销售单位造成了极大的不便，尤其是后半部。前头说过，问题主要在我，我对编辑的困难估计不足，结果扰乱了发行。如今的第二版，二十六卷可以同时见书，出版社决定换个发行办法：整部二十六卷一个书号，一个定价，不再拆散了分卷零售。

取消零售，似乎有些霸道。其实自书籍流通形成市场之日起，千百年来，多卷本书集一向整卖整买，拆散零售的岁月并不很长，而且已被事实证明是行不大通的。任凭买方三卷五卷随意挑拣，这剩下来的还卖给谁呢？我并非袒护出版社，更不是替书店说话。逢到书市，有心的读者不妨去看看，好些家出版社都有挑剩的多卷本在削价处理。市场经济不是讲求“双赢”吗？如果只顾买方便利而亏了卖方，书店怕搁煞资金不敢订货，出版社想印多卷本也印不成了。何况有的多卷本已经输入光碟，推上了市场。光碟不是大饼，没法切成了块零卖，分卷发行的历史，到这里只得搁浅了。

《叶圣陶集》的前后两个版本相比，自第十一卷到第二十五卷，第二版的内容稍有补充，编排稍有改动；最大的差异自然是增添了第二十六卷。这最后一卷，如今就用《父亲长长的一生》作书名，仍附咏禾先生编的“索引”，以单行本的形式，与第二版《叶圣陶集》同时发售。至于其馀的二十五卷会不会也这样办，目前还未作考虑。

二〇〇一年四月七日

第二版《叶圣陶集》分卷编后记

第一卷

《叶圣陶集》第一卷共收三本短篇小说集；集内的作品都按写作的先后排列；各选其中一篇的篇名作为集子的名称，挨次是《穷愁》、《隔膜》和《火灾》。

《穷愁》收作者一九一四至一九一五两年间用文言写的小说十四篇，一九一八年年初用白话写的小说一篇。这些作品散见于当时的报刊上，直到如今编《叶圣陶集》才编成集子。其他两本是作者自己编的，署名叶绍钧；《隔膜》出版于一九二二年三月，《火灾》出版于一九二三年十一月，都归入《文学研究会丛书》，初版由商务印书馆印行。

《隔膜》和《火灾》原有的序文题词等，都作为附录印在作品后头。两本小说集中各有两篇(《不快之感》、《寒晓的琴歌》和《"先驱者"》、《啼声》)，从内容和形式看更近于散文，因而抽了出来，移到第五卷的《脚步集》中。

二〇〇一年三月十六日重写

第二卷

《叶圣陶集》第二卷共收三本短篇小说集，挨次是《线下》、《城中》和《未厌集》，都是作者自己编的，署名叶绍钧。

一九二五年十月出版的《线下》和一九二八年十二月出版的《未厌集》，都归入《文学研究会丛书》，初版本都由商务印书馆印行。唯独中间的那本《城中》，于一九二六年七月由开明书店出版，很可能是为这家新创业的书店壮声势。

《城中》仍采用集子中一篇作品的篇名作书名。《线下》不是篇名，作者用这个书名表明自己的作品尚在水平线以下；“未厌”除了这个意思，还另有一层意思，可参看作者为这本集子写的《前言》(现在作为附录，印在作品后头)。

作者编自己的短篇小说集，原则上以写作的先后排列；间或有颠倒和遗漏的，如今都作了调动和补正。《李太太的头发》和《某镇纪事》两篇写在《未厌集》结集之后，未曾收入作者自编的短篇集，如今收进了《未厌集》，放在最后。

二〇〇一年三月十七日重写

一九八六年，江苏教育出版社的吴为公(右)、缪咏禾(中)两位先生来到东四八条胡同，约叶至善兄妹编《叶圣陶集》。

第三卷

《叶圣陶集》第三卷挨次收长篇小说《倪焕之》，短篇小说集《四三集》和《春联儿》。

《倪焕之》先连载于一九二八年出版的十二期《教育杂志》。第二年八月，由开明书店出版单行本：正文前头有夏丏尊先生的评介，后头有茅盾先生的读后记和作者的自记，现在都印在正文后头作为附录。还有两篇附录是作者为翻译本写的序，和“文化大革命”后为人民文学出版社的重印本写的后记。

《四三集》是作者应良友图书公司邀约，自己编的集子，收一九三二年八月以后四年间写的小说童话共二十篇，于一九三六年八月出版。在编排上，作者试用了“以类相从”的办法。现在为了跟其他各集取得一致，仍沿用了“编年”的办法；其中《冥世别》一篇，已按“编年”编进了第二卷中的《未厌集》；还有两篇童话和六篇给少年写的小说，却“以类相从”将编入第四卷中。《席间》和《秋》“漏了网”，现在补上了；还有一篇《乡里善人》，写在《四三集》结集之后，现在放在最后。变动甚多，要仔细查对目录和附在后面的作者《序》，才弄得清楚。

抗战八年，作者只写过五个短篇，现在编成一集，援先例取其中一篇的篇名《春联儿》，作为集子的名称。

二〇〇一年三月三十日重写

第四卷

《叶圣陶集》第四卷是儿童文学创作，包括童话、小说、散文、诗歌等，其中不少篇是作者特地为语文课本编写的课文。

在抗日战争之前的十五年中，作者写了五十来篇童话，自己编了两本童话集。第一本《稻草人》，曾归入《文学研究会丛书》，一九二三年十一月由商务印书馆出版，有郑振铎先生的《序》。第二本《古代英雄的石像》，一九三一年六月由开明书店出版，有丰子恺先生的《读后感》。现在又把曾经收入《四三集》的《“鸟言兽语”》和《火车头的经历》，加上先前“漏网”而经过整理的三篇，再从《开明国语课本》中挑出两篇，编成了第三本童话集，援前例取名《鸟言兽语》。

小说主要就是从《四三集》中抽出来的六篇，都是抗日战争之前的一两年内写成的，添上的那篇《友谊》，却写于一九五四年四月，竟相隔二十年，作者此后也不再写小说了。这本新凑成的集子仍援旧例，取其中一篇的篇名《邻居》，作为集子的名称。

作者的散文自上个世纪二十年代始，就常常被选入语文课本，早的如《藕与莼菜》，晚的如《景泰蓝的制作》，这些篇散文将分别编入后边的第五、第六、第七卷。这里选的都是特地为少年儿童写的散文，前三篇是从作者在二十年代编写的《开明国语课本》中挑出来的，后五篇有个总题《一个少年的笔记》，是为启发孩子们开拓习作题材而写的。现在就用这个总题作为这组散文的名称。

诗歌部分几乎四分之三录自作者编写的《开明国语课本》，其馀的大多是五十年代响应给少年儿童提供精神食粮的号召而写的(小说《友谊》也是这样的产物)。还有两个歌剧写于二十年代末，都由商务印书馆出版，同署名的何明斋先生是配曲者。诗歌《北方冷地方》第一句是“听，听，听，听我唱”。诗歌应该让孩子们喜欢唱，所以就把这个集子称作《听我唱》。

作者编写语文课本，常常以各种文学形式，对现成的小说、童话、寓言、民间故事等等进行再创作，以适应不同年级学生的学习进度和兴趣。现在选出八篇编成一集，取其中一篇的篇名《夜工》，作为集子的名称。

二〇〇一年四月二十日重写

第五卷

《叶圣陶集》第五卷收入作者早期的散文一百三十馀篇，以写作先后编排分为两集，都借用作者自编的集子的名称作名称：《脚步集》止于“大革命”失败，《未厌居习作》止于抗日战争开始。作者自编的那两本集子出版于一九三一年六月和一九三五年十二月，虽然都以散文为主，选编的旨趣却跟现在的很不相同。因而把作者为那两本自选集写的序编在如今的《未厌居习作》中，读者翻出来一比照，定会说我们这种做法真叫弄巧成拙，徒乱人意。

作者写散文的年头最长，发表的篇数最多，涉及的方面广而且杂。一九八一年，我和至诚编过一本《叶圣陶散文甲集》，当时父亲也参加了，要我们做到不缺不滥：“不缺”指的各个方面都得有篇把，“不滥”就是尽可能选得精一点儿，结果选出了二百一十篇。现在把我当时写的《编父亲的散文集》附在后头，供读者比照。

《叶圣陶集》散文占三卷，三百六十篇左右，其实只是小头，大头还在后边。专谈文学创作的，专谈文艺欣赏的，专谈教育和教学的，专谈听说读写的、编辑出版的，等等，等等，都分别编入以后的有关各卷，请读者诸君注意。

二〇〇一年五月二十日重写

第六卷

《叶圣陶集》第六卷收散文一百二十馀篇，前一半是作者在避地四川的八年中写的，编成一集，借用作者在一九四四年自己选编的那本文集的名称，也叫做《西川集》。后一半从东归上海，抗议重庆较场坝特务暴行始，直到提前一天，为刊物预写庆祝新中国建立的社论为止，也编成一集，取其中一篇的篇名《现实与理想》作为名称。

以时间的跨度说，这第五第六两卷，正好跟我和至诚在一九八一年编的《叶圣陶散文甲集》相吻合。因而把那本集子的“编后琐记”附在后头，或可供读者诸君参照。

二〇〇一年五月二十日夜重写

第七卷

《叶圣陶集》第七卷收作者在新中国成立后写的散文九十一篇，和他在青年时期写的两个短剧。

散文分为两集：“文化大革命”前写的编为一集，取名《融合集》，因为其中有一篇的篇名是《融合起来了》；“文化大革命”后写的编为一集，取名《老境集》，作者写过一首五律《老境》，头两句是“居然臻老境，差幸未颓唐”。

作者在新中国成立后写的散文，曾选出一百八十九篇，编成《叶圣陶散文乙集》，由三联书店出版。一九八八年编这本“第七卷”，就以“散文乙集”作蓝本。如今重读，觉得有十来篇，按所涉及的内容看，还是分别编入后头各卷为好；而原来编入第十七卷的，作者为老朋友写的十来篇序跋，实际上缅怀悼念之作，不如移到这里。主意打定，作了一次不太小的调动。“散文乙集”的《编后琐记》仍旧作为附录，便于读者诸君比照。

两个短剧编成一集，就取名《剧本两种》。似乎没有谁知道作者也写过剧本。为什么作者才离开甪直“五高”，就接连写了这样的两个短剧呢？读者诸君是否觉得有点儿奇怪。

二〇〇一年七月三日重写

第八卷

《叶圣陶集》第八卷收入《少作稿》、《时间集》、《箧存集》。《时间集》是新诗，《少作稿》和《箧存集》都是诗词。

《少作稿》中的诗词是作者在二十岁以前所作，大多抄自顾颉刚先生收藏的旧信。一九八一年十二月五日，商金林同志从旧报上找到了其中的《大汉天声》，抄给作者看。作者写了一则小记："余作此诗，刚满十七岁，真所谓'少作'。"这一集因而取名《少作稿》。

一九一九年初，作者开始作新诗，几年间发表了不少，但从未编成自己的集子；一九二七年以后仅偶一为之，最后一首《时间》，作于一九八五年三月五日。如今选编一集，就取名《时间集》。

一九八〇年八月，作家出版社曾印行作者自己选编的《箧存集》，采用"编年"的办法，编到一九五九年十月为止，既收诗词，也收新诗和儿歌。如今仍沿用《箧存集》这个名称，但不包括儿歌(已编入第四卷)和新诗，时间展延到一九八五年八月，作者不复吟咏为止。《箧存集》分为四编："甲编"止于一九四九年一月，"乙编"止于一九六五年年底，"丙编"和"末编"以一九七六年六月为分界。还有少数译诗，作为附录，放在最后。

一九八八年八月作

第九卷

《叶圣陶集》第九卷收集作者谈论文艺创作的杂文，分编成《文艺丛谈》、《论创作》和《时挂心间》三个集子。

一九二一年年初，文学研究会成立。之后不久，作者在北京的《晨报·副刊》上连续发表了四十则《文艺谈》。这四十篇短论格调不强求一致，谈的问题方面很广，看内容，很可能是当时经常见面的几位文友的共同想法。往后作者似乎把工作重点放在创作方面，包括园地的开拓、队伍的扩展和自身的实践，不再经常发表关于文艺理论方面的文篇。现在把收集到的将近三十篇，按写作日期的先后编排在《文艺谈》后边，添上了一个字，把这一集称作《文艺丛谈》。

《论创作》一共只收集了三十几篇杂文，对作者来说，只能算是他谈论文艺创作的冰山一角，重头还在后头的第十卷。在第十卷里，作者每对一件作品作精辟的赏析，实质上都是以作品为实例，演绎他自己对文学创作的见解。类似的文篇，在谈阅读教学的第十二卷和谈写作教学的第十三卷中还有不少。可注意的是，在这一卷的《论创作》中，作者谈到了自己的创作历程，以及在实践中的得失。

《时挂心间》收集的是关于儿童文学的论说，篇数不多，都很短，最后两篇是一九八三年写的。在一九二一年发表的《文艺谈》中，作者已经指出爱好文艺活动是儿童的天性，必须给予保护、引导和满足，方有益于今后的全面发展。见诸文字也前后达六十二年，真可谓"时挂心间"了。

二〇〇二年二月二十七日

第十卷

《叶圣陶集》第十卷的三个集子，《揣摩集》和《读后集》是新编的；《文章例话》曾出过单行本，有一九三七年开明书店的初版本，一九八三年三联书店的重印本。

《揣摩集》收入鉴赏文学作品的论说和若干实例；其中有一篇的题目是《揣摩》，现在用来作为集子的名称。《读后集》收入十九篇对作品的评论和介绍，多半是当时的新人新作。

《文章例话》所选的例文有四分之一一般不称作文学作品，为保持原书的完整，没有剔除。为了使体例和形式与其他各卷取得一致，二十四篇例话仍以发表的先后编排，标题也恢复了发表当时的形式。《序》是为初版本写的，在重印时，作者作了修改。

一九八九年八月十五日

二〇〇一年十月二十五日改

第十一卷

《叶圣陶集》第十一卷收辑了作者关于教育的论说，大多是短篇的即兴杂感，很少引经据典的长篇大论。仍按写作(或发表)的先后编排，顺时间的推移分为四辑，建国前后恰好各两辑。为了醒目，这一回重拟了四辑的标题；还将若干文篇作了调动。最大的调动是把原先编在第十二卷最后的《时论一束》，提到了这一卷，分别编在建国前那两辑的末尾和头里。这束"时论"本是一九三六年秋，作者应《申报》而写的教育杂评，刊登在评论栏中。当时谈妥题目由作者自定，只要文体与这一栏中的其他短评一致就好。作者在不足六个月中，陆续提供了这样半文不白的短文十来篇，结果大概还是由于持论过激而中断了。如今想想，既然同是谈论教育的，读者又都是社会人士，还是归在一起的好；至于文章体裁，只好由他了。

头一辑原来的标题是《教育杂文一辑》，收集到的文篇都跟儿童教育有关，写的都是作者当小学教员的感受，因而把标题改成了《儿童·学校·家庭》。给《申报》写的短评有两篇是讲儿童读物的，正好附在后头。

第二辑原来称作《教育杂文二卷》，如今删去“二卷”两字，就称作《教育杂文》；原来从抗战爆发后直编到临近解放。如今把给《申报》写的十篇短评编在头里，时间的上限推到了抗战的前夜。连续十二三年，迅猛变革的现实激励着作者，促使他发表了不少“投枪”般的杂文。关于教育方面的，有些已编进了第六卷；更多的是跟正在受教育的青年少年说的，如今按计划编成了后头的第十二卷。

建国后的两辑，以十年“文革”分界。前一辑原来称作《教育杂文三卷》，如今把标题改成了《教育者的责任》，因为从收集到的文篇看，以关涉这一问题的篇数居多。后一辑原来取其中一组短文的题目《晴窗随笔》作标题，如今为避免搅混，改作《晴窗集》。这一改倒也符合实际，因为至少有一半文篇并非“随笔”，而是各方各面的约稿。当然都得须晴日，都得趁太阳儿射在桌子上才好动笔。光戴老花镜是不够的，左手得执着个放大镜。明知道全都违背眼科大夫的叮咛，又有什么法子呢？

二〇〇一年十月

第十二卷

《叶圣陶集》第十二卷相当于一本教育杂文，特地为青少年写的教育杂文；文篇主要录自半个多世纪以前出版的《中学生》杂志，谈的当然都是半个多世纪以前的事。

一九三〇年一月，开明书店的几位先生为反对当局推行的封建闭关式教育，创办了《中学生》杂志；积累了两年的经验之后，从一九三二年一月，增辟了《卷头言》专栏，每期刊出三五篇短文，跟中学生谈谈他们在学习和生活中面临的问题。每期的题目由大家商定，谁有空谁就动笔，往往不加署名，因为主意本是大家出的。

作者当时主管《中学生》，每期发稿都由他总其成；要是发觉哪一方面还缺些什么，他就随手补上一篇，《卷头言》中的短文数他写得最多。如今分为两辑：抗日战争爆发前写的称作《卷头初辑》；自一九四二年五月，直到一九四九年刊名改为《进步青年》的那七年中写的，称作《卷头再辑》。两辑之间有将近五年的空隙。先是因抗战爆发，《中学生》停刊了一年半；几位先生费了好大的劲，才以“战时半月刊”的形式在桂林复刊，公推作者任主编。可是作者当时在乐山，道路阻且长，邮递迟滞，半月刊的时间性又强，一般稿件也不能及时刊出，更甭说《卷头言》了。等到后来《中学生》改为月刊，迁到重庆印行；作者这时暂居成都，才又担负起每期作稿和定稿的任务。

作者为《卷头言》写的短文，不都在这两辑之内，有些涉及文艺的，编进了第九卷和第十卷；涉及阅读练习和写作练习的，编进了第十三、第十四卷；还有一些作为散文，编进了第六卷。也有几篇发表在别的报刊上的，因为内容和形式跟《中学生》的《卷头言》相类，读者对象也是青年，编进了这两辑。

第十二卷还有一辑《给少年们》，文篇的内容形式也相类，只是读者对象不同。前一半是抗日战争之初，给汉口大路书店创刊的《少年先锋》写的；后一半是给开明书店的《开明少年》写的。《开明少年》创刊于日本投降前一个月——一九四五年七月，由作者主编；后来跟《中学生》一个样，很受读者欢迎。

二〇〇一年十月三十日重写

第十三卷

《叶圣陶集》自第十三卷起，打算以四卷的篇幅，反映作者在一生中对语文教育的实践和探索。如果是一部正经的学术论文，居于四卷之首的这本第十三卷，开头应当是一篇扎实的绪论。这当然是做不到的，也没有必要这样做。可是凡事总得有个开头，只好把作者半个多世纪来论及语文教育的文篇收集在一起，有比较全面的，也有偏于某一方面的，按写作的先后编成了一集，取了个无边无涯的名字，叫《语文教学谈丛》。

把作者和夏丏尊先生合著的《文心》编在“谈丛”之后，也是这么个意思。两位老人家借这本小说阐发了他们对语文科的憧憬——在初中阶段应该发挥的功能，主要人物都是理想化的，教师尽心教，学生认真学，家长还善于配合。陈望道先生和朱自清先生为《文心》作了序，"文革"后重印由至善作了说明。读者诸君读《文心》的话，不妨先读下这三篇附录，好在都很短。

二〇〇一年八月十九日

第十四卷

《叶圣陶集》第十四卷是阅读教学部分，分作三集：《阅读与讲解》、《精读与略读》和《范文选读》。

在《阅读与讲解》中，开头那篇恰好是阐明课文讲解和阅读训练两者的关系的，其他各篇多数提供实例，帮助老师们举一反三，通过阅读这一项教学活动，完成语文教育应该担负的各项任务。此外还介绍了几种颇有新意的与改进阅读教学有关的参考书。

四十年代初，作者和朱自清先生合作，编写了一部《精读指导举隅》，一部《略读指导举隅》，都由商务印书馆出版。"精读"指研读课内选文，"略读"指阅读课外读物；"指导"的对象主要是老师，并非学生。原意是让老师们掌握一些必要的知识，好去指导学生"精读"和"略读"。两本书都由作者和朱先生商量妥了，分篇执笔。收入《精读与略读》的是作者执笔的部分。

《范文选读》本是作者为桂林文光书店的《国文杂志》设的专栏；抗战胜利后，《国文杂志》停办。一九四七年，作者又在开明书店的《中学生》月刊上陆续发表类似文篇，并未用《范文选读》这个栏名，看样子想建立一个阅读训练的体系；可是那时真个忙，写了四篇就打住了。如今把这四篇编在以前写的七篇后头，在目录中隔一空行以示区别。

二〇〇一年八月二日重写

第十五卷

《叶圣陶集》第十五卷是作者关于写作教学的论说和改评文章的实例，按性质分为三集，都按写作或发表的先后编排。

《写作教学》包括写作教学的论说和写作的指导。写作指导大多以中学生为对象，也有少数是专为语文教学工作者或工农大众写的。

《评改举隅》选用了改评实例十六篇。改评采用的例子一部分是中小学学生的作文，一部分是成人的习作或报刊上的文章。对后者的改评大多是作者在中华职业教育社举办的语文学习讲座上的讲稿或作讲记录。

《文章病院》本是一九三二、一九三三年《中学生》杂志的一个栏目，先后刊出过四篇评论，都未署名。这里收了三篇，因为另一篇是别位先生写的。看《文章病院》的《规约》就可以知道，设这个栏目的用意不同于一般的文章评改，所以不混在《评改举隅》中。

一九九一年九月十日

照片由张玉平摄于一九八八年十一月四日，当时叶至善先生正在编《叶圣陶集》。书桌上乱七八糟地堆满了他要用的书。

第十六卷

《叶圣陶集》第十六卷包含两个部分：《语文课程和教材》和《国文百八课》。

作者在长长的一生中，为中学小学语文课程和语文教材的建设做了不少工作，单说编撰和主持编纂的课本，就多达二三十部；建国这十来年中，他给国文课本送审稿提修改意见，就写了五千来张卡片。许多亲笔的原始材料保存在人民教育出版社，全都散失于“文革”之中。

在《语文课程和教材》中，作者草拟的课程纲要和课程标准仅三篇，此外大多是论说课程标准和教材编纂的文篇、讲稿，以及书信，几乎都是从旧杂志中翻出来的。还有几篇编辑例言，是从他和朱自清先生、吕叔湘先生等合作编纂的课本上抄下来的，并摘抄了若干篇课文的，富于启发性的讨论题和练习题。作者为《开明国语课本》撰写的课文，已选出一小部分，编入《叶圣陶集》第四卷了。

作为语文科的课程建设和教材改革的实例，本卷收入了作者和夏丏尊先生当年怀着“给与国文科以科学性”的宏愿，经过周密计划合作编写的《国文百八课》。如今采用的，是人民教育出版社的重印本。因节省篇幅，课文只好略去了，仅在目录中保存了篇名。人教社在重印之前，请吕叔湘先生写了一篇对《国文百八课》的评介。这真是篇好文章，介绍既全面，评论又公正，如今附在课本后头，建议读者诸君不妨先读。

二〇〇一年九月十九日重写

第十七卷

《叶圣陶集》第十七卷原来包括三个集子，《文风和语法》和《文字改革和汉语规范》，再带上个《序跋集》。出版后自己看看，似乎把原第十八卷的《出版事业和编辑工作》移前，跟《序跋集》对调为好：新中国成立以后那十多年内，作者工作的主要方面，可以基本上反映在第十七卷中了。考虑停当，就这样办。

文风是社会上普遍流行的各种行文的格调：有读者和听众喜爱的，也有不大受欢迎的。语法是约定俗成的语言文字的表达法则：用得正确才能使读者理解，听者明白，用错了会叫人莫名其妙。作者认为改进文风和纠正语法错误，须请报社和电台以身作则，并通过报纸和广播，向读者作经常而普及的宣传。作者为此写了不少文篇，并为记者和编辑作过不少次讲话，这些文篇和讲话记录大多收进了《文风和语法》。作者一向注意文学创作和语文教学，因而前头的好些卷(第五到第七卷、第九第十两卷、第十三到第十六卷)中，谈文风谈语法的文篇也有不少，读者诸君如有兴趣，可以参看。

那些年里，作者在文字改革、汉语规范化，以及普通话推广方面，都做了不少实际的工作，也写了不少文篇，作过多次讲话。《文字改革和汉语规范》所收的，主要是这些文篇和讲话记录。其中《标点符号用法》一篇，当时由国务院出版总署以文件形式加以公布。标点符号是念不出声音的，文篇中却非用不可；使其用法有所遵循，按性质也属于汉语规范的范畴，所以也收在这一集里。

作者在一生中，以从事出版的年头为最长，主要担负编辑工作。在工作中有什么感受，往往随手写成短文发表在报刊上，因而篇数不少。

从这一集往前数，有关语文教材编写的，集中收在第十六卷中；有关教育的，分别收在第十一第十二那两卷中；在第五到第七卷中，也有少许讲到出版和编辑的。往后的第十八卷，全是关于编辑工作的。第十九到第廿三那五卷摘编作者的日记，出版编辑工作是作者的日常生活，在日记上哪能不记呢？末了的第廿四第廿五两卷是书信，不少书信就是因商榷编辑出版工作而写的。所以编入《出版事业和编辑工作》的，主要是新中国成立后作者发表的有关文篇和讲稿，以及对某些稿件的审读意见。

二〇〇二年四月二日

第十八卷

《叶圣陶集》第十八卷包括三个集子：《期刊编务摘抄》、《序跋别集》和《广告集》。原先在第十八卷中的《出版事业和编辑工作》，移到第十七卷去了。

《期刊编务摘抄》原本叫《编务丛抄》，如今在头里加了“期刊”因为所有的文篇都是从作者参与编辑的各种期刊上抄下来的；原来用“丛抄”，口气似乎大了些，因而改成了“摘抄”。抄的主要是刊物的《编后记》，三十年代作者编《中学生》杂志所写的六十四篇，一篇也没有落；足以看出他时时为读者着想，事事跟作者商量的诚挚态度。在他稍早些时编的《妇女杂志》上，却选了几则《征文启事》，分明可以看出他如何切望读者能掂量一下她们自己当前的生活。最有意思的是抗战胜利后，他在《国文月刊》上推出《当代文评选》专栏，使这份几乎是纯学术性的刊物，也带上了争取和平民主的战斗姿态。

《序跋别集》原本叫《序跋集》，因为许多篇序跋根据它们的内容，分别编到前头的各卷中去了；如主要是怀念文友的，都编进了第七卷；剩下的一大半序跋仍编作一集，添上个“别”以示区别；仍分作四组：一是作者为他人的编著写的序跋和代编辑部写的序跋，二是作者为自己选注的书籍写的序跋，三是没编入以前各卷的作者为自己集子写的序跋，四是不曾印行的序跋。这四组不标明序号，只在本卷的目录上，每两组之间空出一行以示区别。

《广告集》收辑了作者写的图书和期刊的广告词一百多则。图书的内容分属各种门类，很难理出个头绪来。现在把收入各种丛书的归在一起，又把文学方面的放在前头，教学用书放在后头，其馀的一古脑儿放在中间。还有两点需要说明的：一是作者编辑图书门类很广，数量很多，所写的广告词决不止一百多则；二是如今按刊出的日期先后编排，但是不能作准，因为很难查清头一次刊出到底是哪年哪月。

二〇〇二年四月二日

第十九卷

《叶圣陶集》第十九卷收《圣陶日记》的五个片断和《西行日记》的上半部。

作者的日记，保存至今的共四部，题作《圣陶日记》、《西行日记》、《东归日记》、《北游日记》。后头三部挨次衔接，从抗战之初携家入川开始，直记到寿过九秩，才时断时续，渐趋稀疏，终于停笔。抗战以前的，当时都留在苏州故居，只《圣陶日记》保存完好，其馀散失殆尽。这是作者最早的日记，从十七岁的头一天起，接连记了五个半年头还多一点儿。一九八三年，曾从中摘出辛亥革命前后的一部分，在《新文学史料》上发表，由至善写了篇说明，题为《七十年前的日记》；如今为同样的目的，附在选摘的五个片断后头。

《圣陶日记》约四十二万字。如今这五个片断摘自不同的时期，逐个加了标题，字数总共不足十万。之一《开头第一个月》，之三《在言子庙》，之五《初到尚公》，各摘录一个月，都保持原样，未作改动。之二《辛亥革命那一年》，之四《失业的日子》，则采用选录的办法，删去了只记日常琐事的那些天，而凡是选录的，都未删节一字。所以选取这五个片断，又采用了两种不同的摘录体例，都为的尽可能保存日记的本来面目。《圣陶日记》记到一九一六年初夏为止，当时作者在上海尚公小学当教员，情绪仍很不稳定；第二年开春到了甪直，跟几位好友尝试种种改革，才对教育事业逐渐产生兴趣。想来不可能没有日记，可惜没有保留下来。

《西行日记》应该有十三大册，头三册在乐山遭敌机轰炸，烧得连灰也找不着了。第四册又被一头产子的母猫撕毁了前半本。剩下的九册半，时间跨度为七年又八个月。收入本卷的是前头的三分之一。一九四一年二月一日，是作者从乐山迁居成都的日子，就以这一天为界，后头的日记题作《廛寄蓉城》，前头的题作《避地嘉州》。一九八三年编《我与四川》

特地截取一九四〇年年底一小段，题作《成都近县视学日记》，作者写了小记，编进了这个单行本。如今把这篇小记作为《避地嘉州》的附录。《蓥寄蓉城》的大头在后头的第二十卷，收入本卷的"(上)"只占全部的四分之一。

说是《西行日记》，却看不到作者当年在汉口，如何下的扶老携幼全家入川的决心；在重庆淹留了将近一年，为什么又溯江而上，避地乐山。读者诸君如果感到遗憾，请翻开第二十四卷，先读《渝沪通信》和《嘉沪通信》，作者在重庆乐山两地，给留在上海的亲友陆续写的信将近二十万字，比日记还详尽。似乎为《西行日记》的受损，预先作好了补救的准备。

二〇〇一年六月十八日重写

第二十卷

《叶圣陶集》第二十卷紧接前头一卷，收入《西行日记》的后三个部分，挨次是《蓉桂之旅》、《蓥寄蓉城(下)》、《复员第一程》。

一九八二年，《蓉桂之旅》曾在《新文学史料》发表，作者写的"小记"，如今作为"附录"。"小记"在结尾处交代："为了把这次旅行的缘故交代明白"，所以这段日记从动身前半个月——四月十六抄起。如今从离开成都的前一天——五月一日开始，免得跟已编入前头一卷的《蓥寄蓉城(上)》的最后半个月相重。所谓"缘故"，就是开明书店打算在内地出版新书，需要建立一小型的编辑机构，因而邀作者去桂林跟朋友们一同商量，并动员作者重返开明，主持编辑工作。对作者来说，这次旅行极其重要，只要把《蓥寄蓉城(下)》跟前头的"(上)"比较一下，可以看得十分清楚。

回成都后，作者于一九四四年和一九四五年，曾两次去重庆，主要为开明的店务。一九八四年出版的《我与四川》，收入了一九四四年那一次的日记，从八月十五到九月廿五，题作《蓉渝往返日记》。如今把作者当年写的"小记"也作为《蓥寄蓉城(下)》的附录。

《复员第一程》是作者携家东归，在重庆暂时歇脚的那两个半月的日记。《西行日记》到此结束，紧接在后头的，是《东归日记》。附带作个交代，各部分的标题都是至善拟的。

二〇〇一年七月二日重写

第二十一卷

《叶圣陶集》第二十一卷，紧接前头一卷，收入《东归日记》的全部。

作者留下的《东归日记》分订四册，始于木船顺流而下到达宜昌的次日早晨，即一九四六年一月十六日，如今推前三十六天，以雇定东归木船的那一日开头；又后延了一天，把《北游日记》的头一日——一九四九年一月六日作为《东归日记》的结尾。因为作者于次日才乘轮船离开上海。这三年多的日记采用全录的办法，是完整的，除了作者漏记的一天。

把《东归日记》分作《江行纪程》和《沪上三年》两个部分，有历史的原因。

"文革"期间，作者为了给老朋友王伯祥先生消闲，把一九四五年十二月二十五日到第二年二月九日的日记抄在一本练习本上，题作《东归江行日记》。一九八一年，这段日记发表在《大地》杂志上，作者写了"小记"。后来把这段日记的前半截编进了单行本《我与四川》，作者又写了"小记"。这两则"小记"，现在都作为附录。

作者回到上海到离开上海的这段日记，曾以《在上海的三年》为题，从一九八六年起，连续三年刊登在《新文学史料》上。这是至善的主意。至善写的"按语"现在也作为附录。

有了这三则附录作为说明，用不着再说什么多馀的话了。

二〇〇一年六月三十日重写

第二十二卷

《叶圣陶集》第二十二卷，是《北游日记》的"甲钞"。

一九四九年初，作者应邀参加将要召开的新政协，绕道香港进入北方解放区。离开上海的时候，他换了一册新的日记本，在封面上题上"北游日记"四个字。他以为这一回北上，不过时间比较长点而已，等开完了会，全国的局面彻底改观了，就可以回到上海，仍旧坐在开明的编辑部里，继续他暂时中断的工作。他完全没料到竟会从此定居北京，到一九八八年逝世，一直住了将近四十个年头。《北游日记》这个名字却沿用了下来，写在以后的每一册日记的封面或者扉页上。其实他早就打消了迁回上海的念头；在日记中，反而把偶尔去上海看看称作"南游"了。

《北游日记》共五十六册，本子的大小和厚薄不一，每页字数有多有少，很难统计总共有多少字；如果按照平均每日写三百字估计，将近四十个年头，应该在四五百万之间。全都收进这部《叶圣陶集》是不可能的，现在按编《圣陶日记》的办法，选出八个片断编成两卷，这第二十二卷就称作“甲钞”。

“片断之一”，全录作者一九四九年年初离开上海到达北平日记；曾以《北上日记》为题，发表在一九八一年八月号《人民文学》上，如今依据作者在北上途中吟成的一首七律，把题改了。那首七律中有这样一联：“篑土为山宁肯后，涓泉归海复何求。”上联说为了创建人民的新中国，谁都争先，愿意贡献一分力量；下联抒发知识分子投身融入广大群众的兴奋欢快的心情。题目改成了《涓泉归海记》，略去了“复何求”，应该说是缺憾，好处是免得跟《北游日记》相混。作者为《北上日记》作的“小记”，仍按例附在后边作为说明。

作者北上，是应邀参加筹建中央人民政府的新政协，接下去的“片断之二”应该以此为中心，正好以《篑土为山记》作标题，从六月十一日作者得知被推为新政协筹备委员始，抄到十月一日他参加了开国大典后回家，与朋友们举杯畅谈为止。在这前后一百一十三天的日记中，略去了跟这一片断的中心无关的四十五天；摘录的六十八天，也根据同一原则作了少许删节。四月中，作者已经担任了华北人民政府教科书编审委员会主任，略去和删节的，主要是关于编校方面的工作，以及交游和生活的零星记录。

“片断之三”紧接“片断之二”，摘录了作者担任出版总署副署长那五年的日记，因而以《出版总署的五年》作标题。总署从筹建到撤销建制，开完最后一次署务会议，其实不止五年。新中国出版事业的格局，就是在那段时间内逐步建立起来的，许多重要措施，大到出版事业管理体制的创建和旧出版业的改造，小到编辑、印制、发行等技术方面的规定，作者在日记中都有或详或略的记载。作者那时兼任人民教育出版社的社长，因而又详细记录了开国之初中小学教材的建设情况。“片断之三”就以作者在出版总署和人民教育出版社的工作为中心，旁及他所参加的文化活动和政治活动。根据这一原则，在那五年多的日记中删去了将近两百天，绝大多数是星期天和其他休假日的。抄录下来的一千六百七十二天，也根据同一原则作了删节。如果一字不漏照录，字数大约会多出一倍。

“片断之三”是很长的片断，因而只好分成两截。编入这第二十二卷的“上”截，按字数计，占“片断之三”的三分之二。

二〇〇一年十二月二十八日改写

第二十三卷

《叶圣陶集》第二十三卷就是《北游日记》乙钞；收入“片断之三”的后半截——《出版总署的五年》(下)，还有以后的五个片断。

《出版总署的五年》终于一九五四年十一月六日。依据第一届全国人民代表大会的决议和国务院的决定，原出版总署的大部分业务和人员归入文化部，建成出版事业管理局；作者却调到教育部担任副部长，仍兼任人民教育出版社社长。这样一来，教育部和人教社的领导关系算是理顺了，作者的工作却并无变更。因而在往后的日记中，记的仍旧是编撰修订中小学各科教材，参加社内社外各种名目的大会小会，接受各机关、团体、报刊以及个人的嘱托，限时限刻为各方面看稿改稿写稿。真个“勤靡馀劳”，得到的回报却并非“心有常闲”。因而接下去三个较短的片断都是未加节略的旅行记，一点儿不牵涉日常的工作。请读者诸君松弛一下，随同作者去各处散散心。

一九五六年年底到一九五七年年初，作者作为中国作家代表团的一员，去印度参加亚洲作家代表会议。那二十四天的日记曾在一九八八年的《散文世界》双月刊上连载，题作《旅印日记》，由至善写了“按语”。如今作为《北游日记》的“片断之四”，附上至善的“按语”代替说明。

一九六一年四月至六月间，作者由秘书史晓风同志陪同，到西安、成都、重庆、武汉、庐山、南京、苏州，作了长达五十二天的休息旅行。其中的十六天，从乘火车经宝成路入川到乘轮船经三峡出川，曾以《旅川日记》为题，编入一九八四年出版的《我与四川》。作者当时写了篇“小记”，说“自己读来觉得颇有回味”。如今把这五十二天的日记抄齐了，改题《颇有回味的旅行》，按顺序编作“片断之五”；附上《旅川日记》的“小记”代替说明。

一九六一年七月至九月间，作者参加文化部组织的文化参观访问团，几乎游遍了内蒙古自治区的东部和西部。那五十五天的日记曾以《内蒙日记》为题，发表在一九八一年《收获》第六期上。作者当时也写了“小记”，抒发了他对内蒙各地和同游诸友的怀念。如今按顺序编作“片断之六”，仍附上“小记”作为说明。

“片断之七”抄录了作者一九七六年全年的日记，从元旦到除夕，未作删节。“文革”开始后不久，教育部改组，作者不再担任任何公职，社会活动全部中断，连朋友，能维持交往的也只剩下不多的几位。这长长的十年，可不是“闲愁最苦”四个字所能概括得尽的。一九七六年，大小事件层出不穷，终于急转直下，“四人帮”彻底垮台，使作者又看到了新的希望。除夕晚上，作者记完了辞岁家宴，特地加上一句：“今年为变化极大之一年，而结果则举国欢畅，此可记也。”因而就把这三百六十六天的日记，题作《可记的一年》。

“片断之八”抄录了作者一九八二年四、五、六三个月的日记，也没作删节。“文革”过后，随着拨乱反正，作者又忙碌起来，虽然不再担任实职，社会活动却比先前更加频繁；跟教育界、文化界、出版界的老关系依然在，看稿、改稿、写稿的嘱托又源源不断。作者是主张“多活几年，多做些事”的，可是究竟力不从心了，几场大病损害了他的健康；加上视力衰退，日记只好写得短些，还不免时有间断。一九八二年是他在第一场大病之后，身体恢复的最好时期，居然能鼓起馀勇，去烟台作一生中的最后一次旅行。作者那年八十八，称作“耄耋”是绰绰有馀了；日记本来是流水账，因而就把这九十天的日记题作《耄耋流水》。

二〇〇一年十二月三十日改写

第二十四卷

《叶圣陶集》第二十四卷包括四集书信：《与颉刚看》，《便作相见》，《解放前的信》，《建国后的信》。前头三集其实都是解放前的。

《与颉刚看》是作者在青年时代写给顾颉刚先生的信，原来分订成二十来册，在颉刚先生的遗物中找到的，每册的封面上标明了年月日期，最早一本是一九一三年四月，最晚一本是一九一五年七月；各本有不能衔接的，估计丢失的没超过一半，这就很不容易了，数了数，保留下来的共一百零六封，现在选录了七十四封，“与颉刚看”是某一封信中的一句话，既亲切又显豁，因而用来作集子的名称。

叶至善先生在赶写《父亲长长的一生》，这一天是他八十六岁生日。照片上的至善先生聚精会神，似乎很矍铄，其实他很累很虚弱。因为懒得剃胡子，胡子越长越长，竟成了美髯公，也因此另有一番风度，受到许多人的赞赏，他自己好像也颇有些得意。直到一年后住进医院，为了治疗方便，才不得不叫孙子叶刚帮他把胡子剃掉了。

《便作相见》是作者在抗战期间，写给留在上海的各位亲友的信，除了第一封和最后一封，都是从王伯祥先生的遗物中找到的。《入川前通信》现存的就是这七封，因为连贯不起来，没发表过。以后的信开始编号。《渝沪通信》共编二十八号，缺失一号；《嘉沪通信》到第二十号为止，缺失一号；直到胜利后回上海，应该还有一百多号没有保留下来；最后在成都写的那封短信，是从当时上海的《文汇报》上找到的。作者和沪上亲友相别如此之久，相隔如此之远，只能凭借书信互慰互勉，正如作者在一首七律中说的，“一书便作一相见”，因而用《便作相见》作为集子的名称。《渝沪通信》和《嘉沪通信》都发表过，都有作者写的“小记”。现在把这三篇“小记”作为附录，不另作说明了。

除了上面的两大宗，解放前的书信收集到的就寥寥无几了。年代越早的越难保存下来，二十年代的只有五封，都是从当时的书报上找到的，有的已经作了删节。收信人孙伏园先生和施蛰存先生是大家知道的，还有“乐水无悔”两位究竟是谁呢？两封信都刊登在《京报副刊·救国特刊》上，从内容看是极熟的朋友，为什么相互称呼要用笔名呢？——真叫人难以捉摸。直到四十年代末，收集到的一共不足四十封，现在选出三十一封编成了这一集《解放前的信》。为了阅读和查找的方便，把写给同一位收信人的信归在一起，又以写给收信人的第一封信的日期作为排列的先后。

《建国后的信》并不包括已经收集到的作者建国以来的全部书信。五年前出版的《叶圣陶答教师的 100 封信》，将收入第二十五卷。晚年写给俞平伯先生的信，将跟《与颉刚看》一个样，另编一集收入第二十五卷。还有给国外友人的信和给儿辈孙辈的家书，都将各编一集，也收入第二十五卷。这一集《建国后的信》共收书信四百多封，是从五百多封中挑选出来的，编排体例跟《解放前的信》相同。

一九九四年五月作

二〇〇二年二月补充

第二十五卷

《叶圣陶集》第二十五卷都是作者在建国之后写的书信，包括四个集子：《答教师书》、《致海外友人》、《暮年上娱》和《家书酌抄》。

《答教师书》就是一九八九年出版的《叶圣陶答教师的 100 封信》。编这“100 封信”有两个想法：一是当时号召各级领导亲自答复人民来信，我想用这一百封来证实这是做得到的，并非苛求。二是为了请求各位老师和前辈，如果手上有我父亲的信，请早点儿抄写或复印给我，帮助我把《叶圣陶集》编完。前一个想法效果如何不得而知；后一个想法效果是肯定有的，问题在于看到我那篇《告读者》的人本来不多。

“文革”之后，外国友人(包括外籍华人)给作者来信的渐渐增多，作者都一一答复。信寄到了海外，收集更不容易。新加坡的周颖南先生是位有心人，他不但把作者给他的全部书信，还把作者给潘国渠先生的唯一的一封信，都复印了送了回来。广洽法师和日本的八木庄司先生也这样做了。他们几位的热忱帮助，给选编《致海外友人》创造了必不可少的条件。

从“文革”后期开始，作者和俞平伯先生交往越来越频繁。两位老朋友虽然同在北京，由于行动不便，交谈主要依靠书信，你来我往，有时甚至一天两封。他们把来信复信比作打乒乓球，都说这样随意笔谈堪称作暮年上娱。从七四到八五这十二年间，作者给平伯先生的信大约近四百封，现在挑出二百三十一封另编一集，就用“暮年上娱”作为集子的名称。

作者给子女和孙辈的信，保存下来的多达六七百封。其中以写给至善的为最多。“文革”期间至善去了干校，子女也全都下乡了，一向朝夕相处的人分散在天南地北，全靠写信互通消息，作者成了这个通信网的中心，写的信自然就多了。写给至诚的信应该更多，因为解放后至诚就在南京定居，可是保留下来的主要是作者晚年写的，前头的部分在“文革”前期散失了。至美则一直住在北京，而且定期归省，作者只偶尔给她写信，保留下来的就很少了，却都是“文革”以前的。现在从这六七百封家书中挑出一百九十八封，对其中的大多数酌量作了删节，编成这一集《家书酌抄》。如果一字不落地照抄，分量就太多了，跟其他通信集太不相称了。

二〇〇二年二月五日

第三辑

写给别人的书

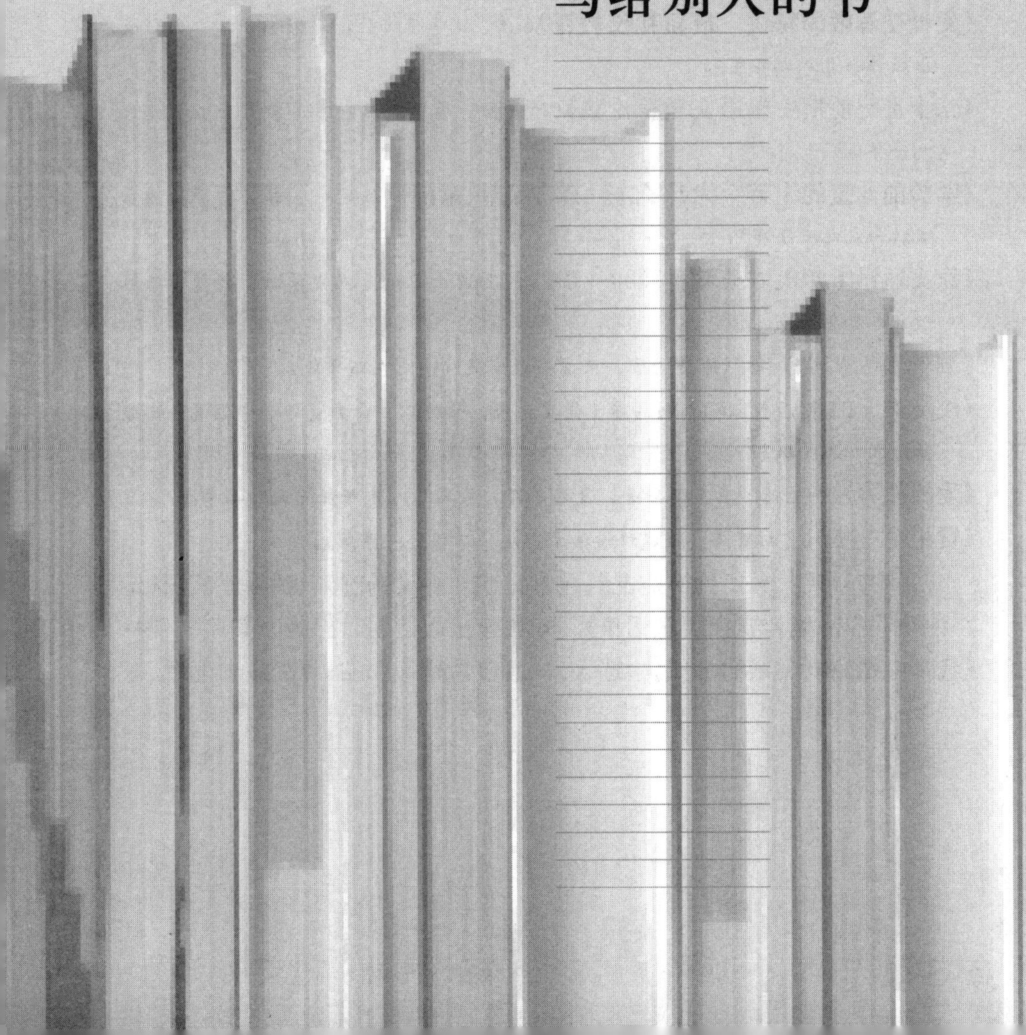

本辑所收文章源自：
《少年化学实验手册》(顾均正编著，中国少年儿童出版社一九八二年版)；
《玄武门之变》(宋云彬著，浙江人民出版社一九八三年版)；
《没有完的赛跑》(叶至诚著，中国少年儿童出版社一九八三年版)；
《十年》(夏丏尊编，中国青年出版社一九八五年版)；
《国内外中小学生获奖作文选评》(阳美容编，文化艺术出版社一九八六年版)；
《外国名城巡览》(陈道馥、陈协川编著，四川少年儿童出版社一九八七年版)；
《林汉达中国历史故事集》(林汉达编著，中国少年儿童出版社一九八八年版)；
《父母受尊敬的秘诀：最新礼仪教育》(〔日〕田中澄江著，赵彬儒译，中国妇女出版社一九八九年版)；
《二十世纪前期中国语文教育论集》(顾黄初、李杏保编，四川教育出版社一九九一年版)；
《学龄前儿童的十万个为什么——答学前儿童问》(陈效一主编，中国林业出版社一九九三年版)；
《作文通讯十年英才荟萃：1980—1990》(全国十三所重点中学编，新蕾出版社一九九三年版)；
《编辑出版家叶圣陶》(徐登明著，中国书籍出版社一九九四年版)；
《绞刑架下的报告》(〔捷〕尤利乌斯·伏契克著，徐耀宗、白力旻译，中国青年出版社一九九五年版)；
《爱的教育》(〔意〕德·亚米契斯著，夏丏尊译，中国工人出版社一九九七年版)；
《贾祖璋全集》(贾祖璋著，福建科学技术出版社二〇〇一年版)。

另者，《慈父·良师·益友》、《未完成的沙漠畅想》、《"星座奖"科幻小说获奖作品集》与《伊伊童话集》不知哪家出版社何时出版，其序文现从《我是编辑》和《父亲的希望》中选入。《迟叔昌科普作品集》因故未出版。

《少年化学实验手册》重版前言

《少年化学实验手册》就要重版了。在顾均正先生的丰富的遗著中，这本实验手册是很有特色的一种，现在有机会重版，使我感到欣慰，如同了了一桩心愿。因为大家都认为，把顾先生的遗著整理出版，让他的心血长留人间，继续滋养一代接一代成长起来的少年和青年，是纪念他的一种最实际的方式。

顾先生的一生是在编辑和写作之中度过的。他把全部的精力都献给了少年和青年，为他们编书刊，给他们写读物，前后六十多年，几乎没有间断。他的著作方面很多，有文学的也有科学的。在普及理化知识方面，他的工作更富于创造性，《少年化学实验手册》就是一个很好的例子。我们可以从这本手册窥豹一斑，体会和学习顾先生的求实态度和独创精神。

在书店里，我们可以找到各种不同科目的实验手册。一般的实验手册都是教科书的附属物，手册中的实验总是按着教学的进程安排的，目的只是为教科书的内容作佐证。顾先生编写的这本实验手册正好相反，它以实验为主体，要让读者通过实验来学习化学知识；虽然名为“化学实验手册”，实际上是一本以实验为手段的“化学入门”。在这本手册中，顾先生把实验编排成组，每一组都用阐明目的和讨论结果的方式，引导读者把实验中得到的感性认识，升华为理性认识。读者要是把手册中的两百多个实验从头到尾做一遍，对初等化学的各个基本概念就可以有个大体的了解。我们可以体会到，顾先生在编写这本手册的当时，不但考虑了在校同学的需要，还考虑了没进学校而有志于自学的青年少年的需要。

在旧社会里，失学的青年和少年是非常之多的。

把这本手册仔细看一遍，我们还会发现，所有的实验都是顾先生精心设计的。他首先考虑到读者的物质条件，这个问题如果得不到解决，实验设计得再巧妙也是枉然，读者看了只好临渊羡鱼，还是没法做。顾先生设计的实验有两百多个，所用的仪器却最简单不过，样数不多，件数也不多，又很容易找到别的东西来代替；药品大多是生活中常见的，只有不到二十种需要到化工用品商店去购买。顾先生还考虑到读者的年纪大多比较小，又是初学化学，作实验未必有人辅导，因而他设计的实验特别注重操作的安全和结果的可靠。化学实验室里常用的强酸强碱，如硫酸、盐酸和氢氧化钠，他特意避开不用，想方设法用别的药品来替代。对于操作方法，他不厌其详，讲得清楚明白，关键的地方还再三叮咛，就像他站在正做着实验的读者身旁一个样。

关于这本实验手册，还有一件事儿是必须讲到的。三十年代中期，这本手册的初版本刚发行，顾先生设计了一个“实验箱”。那是一个小箱子，里面装着一套简单的仪器，十七种小份包装的药品。读者只要购买一个实验箱，就可以按着手册，把两百多个实验全都做一遍，方便极了。所以大家说，顾先生为读者考虑，真个考虑到了家：不仅编写手册是一件创举，设计实验箱更是一件创举。

事隔不久，抗日战争爆发了，顾先生的实验箱只好中断供应。大家并没忘记这件事，新中国成立后还时常谈起。可是考虑到需求量一定比三十年代大上不知多少倍，靠几个人的力量是没法把供应工作做好的。希望有关的机关和团体把责任担负起来，为爱好学习自然科学的青年少年当个后勤部，譬如说办一个服务公司，专门出售做各种实验所需要的工具、仪器、材料和药品。对于科学普及工作来说，这是非常重要的一环；对于一心要为参加社会主义建设打好基础的青年和少年来说，这是最实际的鼓励，也是最有效的支持。

一九八二年二月一日

《玄武门之变》重版后记

宋云彬先生的历史故事集——《玄武门之变》的重新排印，使我十分高兴。这是一本我喜欢读的书。我愿意就自己的体会说一说这本书的特点。

宋先生这本书是抗日战争以前写的，跟解放后出版的一般历史故事有很大的不同。后者着重于普及历史常识，大多挑选一些重要的历史事件，把情节叙述一番，让读者知道来龙去脉，弄清因果关系。宋先生写历史故事的用意不止于此，他还要“还古人古事一个本来面目”，茅盾先生在序言中就是这样说的；郑振铎先生的序言中也有“剥落”“假面具”，“显示”“真面目”的话。宋先生当时为什么要这样做呢？我想可能有下面说的两个目的。

一个目的是透过现象揭露本质，就是用历史唯物主义的观点来解释纷纷扰扰的历史事件，让读者知道历史发展的必然规律。这样的工作在三丨年代倒不是没有人做，可是在概念上兜圈子的比较多；写出来的文章，一般的少年和青年不大容易接受。宋先生也许看到了这一点，所以特地为少年和青年撰写这些适于他们阅读的历史故事。

另一个目的是借用历史故事来揭露倒行逆施的蒋介石。郑振铎先生在序言中说：“许多历史上的传统的可笑的把戏，许多大小军阀们，土皇帝们，官僚们至今还往往在表演着。”而蒋介石在当时，就是那些大小军阀们、土皇帝们、官僚们的总头子；为了建立和巩固他的独裁统治，他耍尽了历代封建统治者用来愚弄人民的种种把戏。宋先生“剥落”那些历史人物的“假面具”，“显示”出他们的“真面目”，目的就在于揭露蒋介石。

他写的历史故事中有几篇——尤其是描写刘邦这个人物，很明显就是这样着眼的；至于在行文中捎带刺这么一两下，那就随处可见，都很耐人寻味。

宋先生写这些历史故事采用了写小说的手法，他不光把故事的情节从头到尾叙述一遍，还在塑造人物和描绘背景方面花了不少力气。力气当然是值得花的，不但可以把故事写得更加生动，更能引起少年和青年阅读的兴致，还可以使读者更深一层地了解那个时代和那个社会，了解处在那个时代那个社会中，不同阶级的人物，思想感情也各不相同。只有这样做，才能够达到前面说的“还古人古事一个本来面目”的目的。

宋先生写历史故事是一九三六年初开始的，先在《新少年》半月刊上陆续发表。当时我是个高中学生，却很喜欢这一种专为初中学生编的刊物，每一期到手，翻开来最先阅读的往往是宋先生的历史故事。后一年四月，宋先生把这十几个故事编成集子出版，就以其中的一篇《玄武门之变》作为书名。茅盾先生在序文中希望宋先生“再多写些”，我这个青年读者重读了这十几篇故事，也怀着同样的希望。可是不久就爆发了抗日战争，宋先生有许多更重要更迫切事儿必须去做，再没有馀暇写历史故事了。

《玄武门之变》初版发行到现在，已经四十五个年头了，这一回重新排印，我认为是值得做的。这是一本很耐读的书，四十五年间我读过十来遍，每读一遍都有一些新的体会，引起一些新的联想，这种乐趣难以描摹。在写这篇《重版后记》之前，我又读了一遍，得到的乐趣仍然不比青年时代初读的时候差。所以我愿意把这本书介绍给少年读者和青年读者。

一九八二年六月二十四日

《没有完的赛跑》后记

重读至诚在解放前的作品，引起了许多有趣的回忆。最早的几篇，是他和至美，还有我，一同跟着父亲练习作文的时候写的；后边的，大多是我逼他写的。我那时正编着《开明少年》——一种给初中学生阅读的综合性月刊。

跟着父亲练习作文在四十年代初，至诚初中还没毕业。那时候住在成都西郊的农村，没有电灯；星期六晚上，提前吃罢饭，收拾过碗筷，把植物油灯移到桌子中央，我们三个就围着桌子，看父亲改我们的文章。说是看父亲改，其实是在父亲的指引下，大家动脑筋商量着一同改。母亲的兴致也很高，把改得的稿子一篇篇收存起来，还抽空誊清了一份。父亲间或挑出几篇比较像样的来，作为读者的习作(本来是习作嘛)，在青年刊物和少年刊物上发表。父亲的几位朋友看到了，怂恿我们编成集子，这就是《花萼》和《三叶》的由来。

宋云彬先生给我们的《花萼》写了“序”，先说他艳羡我父亲有这样一个美满的家庭；接着把我们三个作者介绍给读者，特地说起他没想到“小三官”(就是至诚)六七年不见，已经“写得出那样文情并茂的作品来了”。朱自清先生给我们的《三叶》写了“序”，说我们三个“由杂文向小说进展”，“是一条平整通达的道路”；尤其夸奖至诚的那篇《看戏》，说“有他自己的健康的顽皮和机智”。两本习作集的“自序”都是我写的。我记述了我们三个跟着父亲练习作文的情形，感谢两位先生愿意写“序”，给我们鼓励和指点；还说我们愿意跟着父亲不断地练习下去，每隔一两年编一本习作集，好前后比较，看出我们前进的步伐。

可是时隔不久，我们三个的生活和工作都起了变化，不能再聚在一起跟着父亲练习写作了。至美一停笔就是三十几年，直到两年前才又写起散文来。我当了编辑，从抗战结束直到今年春天，都在编少年儿童读的刊物；文章倒经常写，刊物上缺什么就补什么，方面很杂，也来不及请父亲改。能继续写文艺习作的就只有至诚一个。他先在书店工作，后来进了戏剧学校，我逼他写文章就在那个期间——那时抗战已经结束，我们家从四川搬回上海了。

一九七八年叶至善先生三兄妹和父亲叶圣陶先生的合影。

那一年圣陶先生八十四岁，大病初愈；至善、至美、至诚分别为六十、五十七、五十四岁。当年十几二十，围坐在父亲身边看他修改习作的少年，如今也都是年过半百的老人了，只是父亲和子女之间那种融融泄泄的亲情，依然可以从照片上显现出来。

我当时编《开明少年》的办法是跟父亲和老一辈的编辑学的：一是依靠读者，许多稿件是从投稿和来信中挑出来的；二是依靠信得过的作者按期供稿，如国际时事依靠陈原先生，理化依靠顾均正先生，数学依靠王峻岑先生，生物依靠贾祖璋先生。至诚就成了我在文艺作品方面依靠的作者，每期要逼他写出一篇来，有时还不止一篇。让少年喜欢读，读了多少能得到些儿好处，我相信至诚是办得到的，所以我不给他出主意，如规定他写什么，或者硬要他怎样写，等等。写文章本来是件苦差使，我不能再给他划框框。

至诚给《开明少年》写的文章有一种特殊的风格，他不是用孩子的腔调来说大人的话，而是用孩子的眼睛来观察事事物物，写出来的是孩子见到的他们所生活的这个世界。这是有原因的，他那时候才二十左右，自己还是个大孩子，何况许多材料还是他在十三四岁的时候攒积起来的。他用他的笔引导孩子们共同去体验，共同去思考，可没有写一句教训孩子们的话。这可能也有原因，他在家里是最小的一个，只有受教训的份儿。他这些文章反映的是抗日战争到解放战争时期的国统区的城市生活和农村生活。人民痛苦到了极点，孩子们当然不能不感受到，无穷的忧虑和怅惘，过早地滋长在他们心头，无法驱遣。他们寄希望于将来，一个很好很好的世界不久一定会出现，因为在如此痛苦的生活中，还是有同情，还是有友谊，还是有安慰，还是有可爱的大自然。

看过了这本集子全部文章的朋友们可以判断，我这样夸弟弟是不是夸得过了头。不过我得承认，我对这些文章确实有点儿偏爱。譬如说看到那篇《看戏》，我会想起抗战期间的生活，真是连一张戏票也买不起。看到那篇《洗澡》，我会想起和至诚一同在成都西郊的溪沟里游泳的情景。我说得出那个乡下是哪处地方，那个胖子要人的原型是谁，于是引起一连串有趣的回忆。在当时也许是颇为痛苦的，隔了三十来年回忆起来，都成为非常有趣的了。

后来，至诚不写给孩子们读的文章了。年纪大了，离开童年越来越远了，这当然是个原因。当时他的这些文章虽然是我逼出来的，但是材料早就贮藏在他的脑子里，他自己也不知不觉。因为材料是原有的，经我一逼，就能逼出来。解放后他写了一些小说、散文和剧本。我指不出有哪些篇比较好。原因也许在于我，我跟他长久不在一起生活，读他的作品好像隔了一层膜；也许在于他，他的写作方法改变了，往往先有题目，现找材料赶紧动笔，跟他以前受到的训练不相同了。是他不能适应这种方法呢，还是这种方法不十分妥当呢？我常常在想，还没有想清楚。

一九八三年一月

《十年》重印后记

《十年》是一部短篇小说集刊。一九三六年，开明书店编印这部集刊是为了纪念，纪念开明书店创立十周年。现在，过了将近半个世纪，中国青年出版社重印这部集刊，也是为了纪念，纪念开明书店创建六十周年。

开明书店早已不再存在——一九五三年四月和青年出版社合并，成立了中国青年出版社，开明书店就不再存在了。不再存在没有什么可惋惜的，大家都知道这是历史的必然。但是大家不免有点儿怀念，因而建议要为开明书店创建六十周年举行纪念，都说开明书店的工作态度是认真的，曾经出版了一些对读者，尤其对青年读者有益的图书和期刊。在《十年》的序言——其实是“编辑缘起”中，夏丏尊先生谈到了文学书籍方面的一部分情况，他说：“开明自从创立的那一年起，就把刊行新体小说作为出版方针之一。到现在，大家都承认开明这一类出版物中间，很有一些现代文学史上占有地位的佳作。这是开明的荣誉。”“大家都承认”这句话，看来一点儿不过分。翻开开明书店头十年的目录，其中好多位作家的作品是讲现代文学史必须要提到的，如丁玲的《在黑暗中》，巴金的《灭亡》、《新生》、《家》，茅盾的《幻灭》、《动摇》、《追求》、《子夜》、《春蚕》，庐隐的《灵海潮汐》，王统照的《山雨》，还有我父亲的《城中》、《倪焕之》等等，其中颇有几本某位作家的第一本集子，或者竟是成名之作。“这是开明的荣誉”，口气颇有点儿自得，可是我想，夏先生这样说，一定能博得大家的默许。而且在以后的十多年中，开明书店除了继续出版前面提到的各位作家的新作，还出版了张天翼的《追》，靳以的《残阳》，陈白尘的《茶叶棒子》，周文的《爱》，端木蕻良的《科尔沁旗草原》，师陀的《无望村的馆主》等等，实践了夏先生在序言中说的，保持这种荣誉的心愿。

但是当时编印这部《十年》，意义远远超过了纪念和表态。在序言中，夏先生说得很清楚："约当代作家替开明特写一篇新作，用来纪念开明，同时也给我国小说界留个鸟瞰的摄影。发育了将近二十年的新体小说成为什么样子了，虽然不能全般地看出，但是总可以从这里看出一大部分。"一九三六年以前的"将近二十年"，就是"五四"运动前后，我国的新文学运动是那个时候开的端。从"五四"到抗日战争，前后不到二十年，革命势力已经跟"三座大山"作了好几次全国规模的较量，斗争胜利了失败了，都给了文学创作和理论以滋养，激发了新文学运动的成长。而编印《十年》的一九三六年，正好是抗日战争的前夜，民族矛盾和阶级矛盾暴露得充分而且尖锐，在这部短篇小说集刊中，各位作家凭借自己的敏锐的观察力，对那时的错综复杂的社会现象，从各种不同的角度作了深刻的描绘。现在重印这部《十年》，意义倒不在于对半个世纪以前的小说创作重新作一次检阅，而是让现代的青年有机会通过集刊中的二十几篇小说，比较集中地了解一下半个世纪以前，正处在"方生未死之间"的旧中国的现状——"虽然不能全般地看出，但是总可以从这里看出一大部分。"而了解旧中国，了解中国人民过去的苦难和斗争，正是热爱党、热爱社会主义不可或缺的基础。

夏丏尊先生像

叶圣陶先生称夏先生为畏友，充满了对他的尊敬与爱戴。

夏先生在序言中说，《十年》分正续两集出版，现在重印，把两集合在一起了。小说一共二十六篇，二十六位作家大多是青年们熟悉的。虽然过了半个世纪，这二十六位作家大半还健在，他们还没有放下手中的笔，有的还在写小说。这实在是值得庆幸的事，必须附上一笔让青年读者知道。

一九八四年十一月

附　《十年》目录

鲁彦《银变》，老舍《且说屋里》，张天翼《一件小事》，靳以《雪朝》，王统照《站长》，巴金《星》，徐霞村《裁员》，吴组缃《某日》，施蛰存《嫡裔》，李健吾《中国的最后一课》，丁玲《一月二十三日》，凌叔华《死》，萧乾《鹏程》，圣陶《英文教授》，蹇先艾《谜》，郑伯奇《烟》，艾芜《海岛上》，沙汀《逃难》，芦焚《马兰》，沈从文《主妇》，周文《爱》，萧军《四条腿的人》，端木蕻良《乡愁》，蒋牧良《报复》，茅盾《手的故事》，夏丏尊《流弹》。

名城·窗口·奇遇

——《外国名城巡览》序言

《眺望域外文明的窗口——外国名城巡览》，这个书名真有意思。一座名城就像一个国家的窗口，比喻既鲜明，又贴切。咱们的孩子只要扒在各个窗口上向里边张望一回儿，就可以知道这个国家的大概了。这本小书给孩子们打开了哪些个窗口呢？我翻开目录，忽然想起了在希腊首都雅典的一次奇遇。

前年初冬，我跟随全国政协代表团去埃及访问，乘飞机的中途，在雅典有一天的勾留。雅典是灿烂的古希腊文化汇集的地方，我小时候才开头念世界史，这座地中海北岸的名城就使我神往不已。机会真个凑巧，时间可只有一天。我恨不能多长几双眼睛，把雅典所有的一切都看个仔细，都深深地镌入我的脑海。

这仅仅的一天，我们只能这样安排，上午参观山顶上的卫城遗迹和正在修复的雅典娜神庙，眺望碧波粼粼的地中海；下午参观希腊国家美术馆。美术馆收藏的古希腊艺术品丰富极了，也精致极了，小的如戒指耳环之类的首饰，大的如整座的石雕。我只能把注意力集中在雕像上。立体的雕像可不是平面的画：欣赏一幅画，你站在远处看一会儿，再走近去看看细部，就大体可以满足了；一座雕像，你得先绕着它转个圈儿看一遍，再选定几个角度，一一站定了仔细端详。而古希腊的雕像，不管你站在哪个角度上，总教你再也看不够。雕像一座挨着一座，没有一座不是精品，这样看法哪一天才能看完呢？我不得不加快脚步，可是总觉得一路丢失了什么似的，心里越来越不踏实。抬头一看，同伴们早走出陈列室了，我急忙赶到走廊，冷不防从后面追上来一个人，把我给拦住了。

“欢迎，我的朋友。我认得出来，你们是中国人。”那个人说的生硬的英语。他个儿不高，皮肤比较黑，留着刷子似的小胡子，是个很典型的地中海沿岸的欧洲人；而且是个劳动者，从他的衣着看得出来。

“谢谢。”我的英语糟透了，听还能勉强听懂几句，说可只能说不相连贯的单词。于是我指了指走廊两旁的陈列品，用赞叹的口气说：“美极了，真是奇迹。”

不知我说对了没有，他只点了点头，仍旧说他的：“雅典人把东方来的游客都当作日本人。我可认得出来，你们是中国人。我到过你们中国，五次，大连，青岛，秦皇岛。我有许多中国朋友。他们带我上了长城，长城，真伟大，还看了你们中国的‘柴记’。好极了，‘柴记’！”

他一再比试，我才知道他讲的是杂技。毫无疑问，他是一位船员，一位民间的友好使者。他每一回远渡重洋来到我国的港口，都受到了盛情的款待。如今在摩肩接踵的各国游客中间，好不容易见到了我们这几个中国人，他的感情就像喷泉一般不可抑止了。

“我知道了，你在中国看过杂技。好极了。还有，我们中国的‘茅台’！”我做出举杯的手势。

他也用右手举起了假想的酒杯：“干杯！”——他说的中国话。

两个人相对一饮而尽。我看他咂了咂嘴，满足地微微摇了摇头——这位希腊海员陶醉在美好的回忆中了。

于是我指了指他的胸口，又指了指我的胸口：“希腊——中国——友谊万岁！”我一时想不起英语该怎么讲，“友谊万岁”用了法语，那是从一首法国民歌中学来的。

“友谊万岁！”他也用法语回答，接着又改用英语：“可是你们中国人，为什么不到我们雅典来呢？你看那边，又是一群日本人。”

“会来的！”我仍旧用不连贯的英语，一边用手势比画。“在我们中国，孩子们一进学校就知道希腊，知道你们的美丽的雅典。等他们长大了，他们都会来的。”

“欢迎他们，可爱的中国孩子，欢迎他们都来。”

到这时候他才觉察到我的伙伴已经走远了，于是一边道歉一边跟我握别。我捧住他粗糙有力的手，真挚地说：“欢迎你再去中国！”

经这位希腊朋友一提醒，我也发现到处都是日本游客，在走廊里，陈列室里，在上午去过的卫城和神庙里；回想到前年去美国，也到处碰着成堆的日本游客。他们之中大多是老年人和青年人，中年的极少；老年人都很阔绰，青年人也有阔绰的，多数却比较俭朴，有的甚至自己背着个大行李包。他们是到国外来看看世界，增长点儿见识的。我不禁这样想：我们中国的经济力量几时能达到日本现在的水平，让我们的年轻人都能去世界各国闯一闯呢？这样的日子看来不远了，就在现在念初小的孩子到了中学毕业的时候。

这本小书给孩子们介绍了三十几座国外的名城。一座名城一个窗口，一连给孩子们打开了三十几个窗口。让我们的孩子在每个窗口前面多逗留一会儿，好尽情地领略各国特有的灿烂的文化；并且相信各个窗口里的人都会真挚地欢迎咱们的孩子，热烈的程度，可能胜过我在雅典的那次奇遇。

一九八五年三月

《父母受尊敬的秘诀》序

车门打开，乘客都朝车上拥。有个孩子挺机灵，他抢先挤上了车，抢先坐在那个唯一的空座上，身子左右扭了扭，他不但占定了，而且坐稳了。你很容易认出上车来的乘客中谁是这孩子的父母：只要看他朝着谁在作得意的笑，只要看谁朝着他在作赞许的笑。我所以这样有把握，因为在公共汽车上，这样的事儿我经常碰到，而且免不了不出声地叹一口气："唉，这样的父母！"

感慨之馀，我想——一手拉着吊环，身子摇晃着想：也不能责怪做父母的。孩子生下来了，他们就当上父母了。穿的，吃的，他们一定给孩子准备周全了；可是怎么教育子女，他们很可能压根儿没作考虑。我丝毫不怀疑，他们希望自己的孩子成为一个好孩子；可是怎么才叫好，怎么才能好，在他们的脑筋里恐怕是很模糊的。教育是非常细致的工作，所以当老师的都应该先进师范学校，接受当好老师的训练。父母是子女的最贴身的老师，而且是真正的启蒙老师，怎么能不受点儿教育孩子的训练呢？应该让他们进专门学校，至少得进短期训练班。谁想生孩子，谁就得先接受训练，先取得做父母的资格……

到站下车，我的遐想就打断了，这也没有什么可惜的。开办训练父母的专门学校，决无可能。短期训练班倒是有了，妇产医院为孕妇办的，着眼于保健，不涉及教育——保健当然也是必不可少的。至于如何搞好子女教育的问题，现在正受到新闻出版界的重视。有的报刊经常刊登如何教育子女的文章，有的报刊办起了定期的专刊，还有专门为做父母的办的报刊，如《父母必读》、《家庭教育》等等。讨论和阐述教育子女的专著目前还比较少，过不了几年一定会大量涌现，凡是注重教育的国家莫不如此。在日本，这一类专著就比较多，作者大多是很有经验的儿童教育专家；中国妇女出版社选定了若干本，打算陆续翻译出版，作为借鉴引进，也可以弥补暂时的不足。这当然是一件极好的事儿。第一本《父母受尊敬的秘诀》已经翻译完毕，我先睹为快，把译稿借来从头到尾读了一遍，下边说一点儿我的感想。

《父母受尊敬的秘诀》由日本讲谈社在去年出版，作者田中澄江已经年近八十，是作家，也是教育家。她笔调明快，很少说教，往往先举实例，再坦率地表明自己的看法；使我读着好像听她老人家聊家常一般。书名下面有一行副题：《最新礼仪教育》，似乎专讲礼节的，其实不然，只要看一下小标题就可以知道。如《不能让孩子养成做事有头无尾的习惯》，《教育孩子帮助家长收拾餐具》，分明要做父母的注意如何让子女养成良好的生活习惯；《让孩子体会劳动的喜悦》，《教育孩子不能歧视伤残人》，分明要做父母的注意子女的品德教育；《哪些语言会伤害孩子的自尊心》，《家长也应真诚地向孩子道歉》，分明要做父母的注意教育子女的态度和方法；……就是讲礼节的部分，也讲明白了有的礼节出于对他人的尊敬，有的礼节出于对他人的关怀，有的礼节出于生活上的需要，让做父母的知道为什么一定要让子女遵照着做。

但是有一点，我们在读这本书的时候必须记住，作者的话都是针对日本当前的情况讲的。我们都知道，日本的社会生活跟咱们中国的不同；日本的传统思想和传统教育，跟咱们中国的也不相同。作者举的许多实例，有一些在咱们中国是比较少见的，也可能不至于发生。作者反对以家长的意志为绝对权威的家庭生活，甚至认为家长应当容许孩子顶嘴，应当冷静下来让孩子把话说完。从日本的传统观念来看，作者的进步是难能可贵的。可是她又认为适当的体罚还是必要的，这一条，咱们中国的教育界恐怕不能赞同。还有一些纯粹属于风俗习惯方面的礼节，也是咱们中国人不必模仿的，除非去日本做客，跟日本朋友打交道。

我相信，这本书和以后几本书的出版，将会帮助做父母的懂得教育子女有多么重要。希望所有的父母都担负起自己的天赋的责任，都把自己的孩子培养成好孩子，培养成建设社会主义的接班人。

一九八五年六月十二日

《慈父·良师·益友》序

十篇回忆录，十位作者写的，有的回忆爸爸，有的回忆爷爷，编成了这本集子——这本引起我怀念又引起我深思的集子。

读回忆录必然会引起怀念，但是对我来说，这本集子非同一般：十位作者的爸爸或者爷爷都是文化界的人士，都是我爸爸的朋友，我的伯伯和叔叔。他们在世的时候，我大多见过，有几位还挺熟，甚至跟写回忆录的作者一个样，小时候在他们身边玩过闹过哭过笑过，受到过他们的爱抚。其馀几位虽然没有机会这样亲近，但是在读他们的作品的时候，我好像坐在他们跟前的孩子似的，仰着脸儿听他们继续往下说。现在读这本集子，我似乎又听到他们的声音，看到他们的笑容，又感受到他们的爱抚。我得感谢十篇回忆录的作者，把我带到伯伯叔叔们身边的正是他们的笔，正是他们的真切朴实的记述。他们从小跟着爸爸，跟着爷爷，习惯于用孩子的天真，来观察自己的爸爸和爷爷，他们记下来的，都是深深地刻在记忆中的最鲜明的印象。这样的回忆录，教人看了怎么能不激动。

读了这十篇回忆录，我想起我爸爸的一篇短文，题目叫《做了父亲》。在短文的最后一节，我爸爸说：“对于儿女也有我的希望。一句话而已，希望他们胜似我。”怎么胜似他呢？一是身体比他强壮，二是心灵比他明澈，三是不要像他那样专弄笔墨，而要“像工人农民一样，拿得出一件供人家切实有用的东西来。”从这三个方面来看，我只能承认自己是个不肖之子。我不是借这个机会作检查，而是想到所有的长辈都一个样，都希望自己的后辈能胜过自己：自己没达到的高度，希望后辈能达到；自己没做成的事业，希望后辈能做成。对长辈的殷切希望，十位写回忆录的作者的体会一定比我深多了。他们着重记下了爸爸或者爷爷对他们的教育，有恳切的劝勉，也有无声的身教。他们用各自的笔，把自己受到的教益化成了少年读者的共同的财富。

跟这十位作者相比，我实在太幸福了。我的爸爸今年九十一了，虽然近来体弱多病，住医院的日子多，我骑上自行车就可以去看他，抚着他干枯的手，凑在他耳朵边谈这谈那。每回离开医院的时候，爸爸总要关照我："路上当心。"

一九八五年十月二十日

《国内外中小学生获奖作文选评》序

这是近几年来，国内外的少年儿童在本国和国际上各种作文竞赛中获奖作文的合集。这许多次作文比赛，有的是国内的机关、团体和报刊发起的，也有的是国际组织发起的。获奖的作文，我大多早就读过，因为这本合集中的作文，有一半以上，我参加了初步的评选工作；获奖的小作者，我也见到过好几位，在为征文发奖的几次大会上。

获奖的作文，都是从成千上万篇应征稿件中选拔出来的，理所当然都是好文章。从征文来说，能不能成功，能不能得到好的成绩，首先要看题目出得怎么样。如果题目符合少年儿童的生活、知识和兴趣，少年儿童看了题目不但有话可说，而且有话要说，那么这次征文一定能取得成功，应征稿件一定又多又好。有几次征文除了出题目，还给少年儿童作了些启发，启发他们怎样自己寻找可写的材料，自己选择适当的表达形式。启发工作做得好，无疑地能提高应征稿件的质量。各次征文的成绩所以有些差别，原因大概就在题目出得好不好，启发工作有没有做到家。

几次国际组织举办的征文，咱们的小作者获得了优异的成绩，为咱们祖国争了光。这些在国内和国际上获奖的作文，都有一些共同的特点：一、不说空话套话，有什么说什么，写的都是小作者自己熟悉的事儿和自己的想法；二、话怎么说就怎么写，不装腔作势，硬说些不合自己的年龄和身份的话；三、写的都是本国的事儿，这些事儿都是别国人愿意知道的，感到兴趣的，又能够理解的。前两条，写任何文章都得注意，而且要养成习惯。后一条告诉咱们，不管说话写文章，都得认清对象是谁。这个习惯也必须养成，因为话总是说给别人听的，文章总是写给别人看的。

至于获奖的小作者，我见到的几位都给我留下了很深的印象。他们活泼开朗，在陌生人面前有说有笑的，一点儿不腼腆。听他们谈话，知道他们的知识面比较广，不但读的书多，对周围的许多事物，他们都有浓厚的兴趣；而且反应敏锐，表达能力也比较强。可见他们获奖并非偶然，在平时的学习和生活中，他们不知不觉地为写好文章打下了基础。

一九八六年五月

《中国历史故事集》序

这是一部连续的历史故事集，从周朝东迁一直讲到晋朝统一全国为止，前后一千零五十年。原先分为五本，现在合在一起重新出版。这样做有以下两个原因。

这部故事集分为五本出版的时候，受到了少年读者的欢迎，也受到了少年的老师和家长的称赞。称赞说这部故事集既是历史读物，从中可以获得很多历史知识；又是文学读物，因为文词讲究，述说生动：少年朋友都应该读一读。现在把五本合在一起出版，好让更多的少年朋友读到这部历史故事。这是原因之一。

原因之二，是纪念编写这部历史故事的作者，林汉达先生。

林汉达先生过世已经十五年了。他出生在贫苦的家庭里，靠半工半读念完了大学。当时有一家书局举办全国大学生英文比赛。林先生得了第一名。这家书局把林先生请去当编辑。林先生编了不少儿童读物，还编了一部初中英文课本。由于林先生没有学位，这部课本受到了不公正的打击。林先生气愤极了，他扔下职业去美国留学，一年就得了硕士学位，过了两年又得了博士学位；后来回到上海，接受大学聘请，当了教授。

这时候正是抗战时期，林先生的生活非常清苦，他一边教书，一边研究汉字改革，一边编写历史故事。抗战胜利后，国民党反动派压制民主，发动内战。林先生积极参加中国共产党领导的民主运动，跟朋友们一同组织了中国民主促进会，经常在群众大会上发表激烈的演说，因而遭到国民党政府的通缉。共产党地下组织把林先生用帆船护送到山东，后来又护送到东北。林先生到了解放区，一边努力学习，一边做文化教育工作。

新中国成立之前，林先生就来到北平，仍旧做文化教育工作。一九五四年，他被任命为教育部副部长和文字改革委员会委员。一九五七年，他被错划为右派，两年后就摘去了右派帽子。可是在“文化大革命”中，他还是受到了沉重的折磨。他对中国共产党的信心却毫不动摇。一九七二年，周恩来同志交给他一项紧要任务，请他校订一部译稿。他对照英文原本，逐字逐句认真修改，经常工作到深夜。不料在完成校订的第二天，他心脏突然发病，抢救不及，就与世长辞了，终年七十二岁。

这本故事集的第一本《春秋故事》，是一九六二年出版的，当时打算一本连一本出下去，直到中华人民共和国成立为止。谁知道才出到第三本《西汉故事》，第四本《东汉故事》才完稿，就来了一场“文化大革命”，工作被迫中断了。等到十年浩劫过去，才出版了《东汉故事》，可惜林先生自己已经看不到了。第五本《三国故事》是根据林先生的遗稿《三国故事新编》缩编整理的，没能经林先生自己过目。这本《三国故事》曾获得一九八〇至一九八一年全国优秀少儿读物一等奖。

林先生编写历史故事，有两个很大的特点。

一是注意史实的准确。他写的历史故事跟演义小说不一样。演义小说虽然写得很生动，可其中有许多虚构的情节。他写历史故事着重于说明历史发展的进程，又比较尊重历史事实，主要取材于《春秋》、《史记》、《汉书》、《后汉书》、《三国志》等“正史”。像《三国演义》中的“桃园结义”、“草船借箭”之类的故事，他都没有采用。

二是文字的口语化。林先生是一位语言学家，对普通话有深入的研究。他是浙江宁波人，虽然只能说家乡的方言，可写起文章来，用的却是地道的普通话。这部书念起来很顺口，读着就跟听故事一个样，所以不但是一部优秀的历史读物，还是一部优秀的语文读物。

一九八七年四月二十八日

我不曾想到

——《未完成的沙漠畅想》序

在人们的心目中，沙漠自古以来是荒凉的，可怕的，因而也是陌生的。那儿黄沙蔽天，狂风匝地，烈日灼人；那儿一向被死亡统治着，没有一丝生命的痕迹。沙漠呀沙漠，你长此被人厌弃，难道不感到寂寞吗？看着别处都欣欣向荣，日新月异，你难道一点儿不着急，一点儿不感到羞愧吗？

可是今天，我的想法改变了。读了《未完成的沙漠畅想》科技征文的优秀作品，我的高兴真个难以言说。我要告诉沙漠：沙漠呀，你不再寂寞了，咱们的孩子没把你忘记，他们都在关心着你呐。他们想方设法要给你披上绿装，让你无处不充满生机。准备着吧，沙漠，那一天不久就会到来的，你不用再唉声叹气了。

我不曾想到，咱们的孩子都这样地关心沙漠。咱们中国有多少片沙漠，全世界有多少片沙漠，分布在哪些地方，面积多么惊人，咱们的孩子都一清二楚。沙漠给人们造成了什么样的危害，为了改造沙漠，人们经受了多少失败，取得了哪些初步的成功，咱们的孩子也都知道。虽然他们大多住在离沙漠很远的地方，对于沙漠，他们竟如此熟悉，好像沙漠就在他们自家门前。他们关心沙漠，就跟关心自己的家乡一个样儿；他们立志改造沙漠，就跟立志改造自己的家乡一个样儿。

我不曾想到，咱们的孩子会有这样的胆略，这样的气魄。他们有的打算就地取材，把黄沙熔成挡住滚滚沙龙的长城；有的打算在地下建造四通八达的灌溉网，充分利用有限的雪水把大片沙漠改造成绿洲；有的主张先开发能源，把沙漠上的日光和风力全部调动起来；有的主张先培育能抵挡严酷气候的植物，让它们充当改造沙漠的先锋，……一份份全面规划，一桩桩具体建议，胸无大志的人是万万想象不出来的。一切困难都不在他们话下，真个“初生之犊不畏虎”呀！要改造沙漠，要建设咱们的大西北，咱们需要有这样“不畏虎”的创新的勇气。

我不曾想到，尊重科学的精神在咱们的孩子心中已经深深地扎下了根。他们的规划和建议决非胡言乱语，胡思乱想。为了完备和证实他们的设想，他们翻阅了所能找到的图书，有的还在可能的条件下，自己设计自己动手做了实验。他们的规划和建议尽管未必行得通，他们也未必都能参加改造沙漠的行列，可是他们尊重科学，信赖科学，依靠科学。凭着这样的科学精神，他们将来不论走上哪个岗位，都无往而不胜，一定能做出超过前人的出色的成绩。

我不曾想到，咱们的孩子对新事物、新技术会有这样大的兴趣。他们几乎什么都想知道，而又吸收得非常之快。他们改造沙漠的规划和建议，体现了他们都怀着强烈的愿望，要用世界上最新的科学技术，来建设咱们的亲爱的社会主义祖国。读了这次征文的优秀作品，我看到了咱们的孩子的精神风貌，也看到了咱们祖国的兴旺发达的前景。

感谢发起和组织这次征文的《少年智力开发报》，感谢鼓励和辅导咱们的孩子参加这次征文的老师们和家长们。你们把开发智力的金钥匙交给了咱们的孩子，使这次征文得到了出乎意料的成功。

一九八八年五月

写在《伊伊童话集》前头

亲爱的小朋友，伊伊说他属小狗狗，我可属马，是一匹老马，头发眉毛都白了，要是留胡子，胡子也是白的。我没留胡子，老马是不留胡子的，只有老山羊才留胡子。

老马会拉车，我不会拉车，只会看书。今天我可高兴了，我看了一本非常非常有趣的书，就是这本《伊伊童话集》——小朋友伊伊讲的童话。

我看着看着，不知不觉变了，变成了一个跟你们一样大的小朋友，坐在小伊伊身边，睁大了眼睛听他讲他自己编的童话。他讲了一个又一个，我一个一个往下听，听得有滋有味的。你们说奇怪不奇怪，听着小伊伊讲的童话，连我这匹老马也变成小马驹了。

小伊伊一连讲了三十六个童话：一会儿，大灰狼掉进了小兔子的饭锅里；一会儿，妈妈的眼镜忽然逃跑了；一会儿，老爷爷教小白猫钓鱼，钓到了好多好多鱼；一会儿，小伊伊请太阳到家里做客，还让太阳到冰箱里去凉快凉快；一会儿，小伊伊变成了大象，让人们送进了动物园……我听个没有够，老缠着他"再讲一个"。可是没有了，书看完了，小伊伊也不见了。要是我真个在他身边，他一定会对我说："下一回再讲吧，我得歇口气了。"

我也得歇口气了，请小朋友赶快往下看吧。你们得到的快活一定比我多得多，你们的心是跟小伊伊相通的，而我，我毕竟是匹老马了。看完之后，你们一定得谢谢小伊伊的妈妈，也代表我谢谢小伊伊的妈妈，是她把小伊伊讲的童话用笔写了下来，才使咱们能得到这样的快活。

一九九〇年九月二十九日

《二十世纪前期中国语文教育论集》序

去年四月，叶圣陶中学语文教学研讨会在扬州召开，主办单位邀我参加，我就去了；在会上，见到了老朋友顾黄初同志。他是专门研究语文教育的，在扬州师范学院工作。

既然参加研讨会，我不能光坐在那儿听，总得发个言。我说，我父亲如果还活着，听说这次研讨会冠上他的名字，他一定又要皱眉头的，我也不敢来参加了。我父亲为中小学语文教学的改革做了不少工作，这是事实；在课本的编写方面，还发表过不少探讨教育目的和教材、教法的文章，这也是事实。可是几乎所有的工作，都是他跟朋友们一同做的；发表的许多主张，也大半是他和朋友们共同的看法。就说研究我父亲吧，也得把他的朋友们放在一起研究。从研究语文教育来说，这样做显然是不够的，恐怕还得研究一下历史上发生过哪些争论，研究一下传统的影响和外来的影响，看我们的先辈到底扬弃了一些什么，继承和引进了一些什么。最后说了些祝愿的话，祝愿大家在研究历史进程和总结实践经验的基础上，不断有所创新，像我父亲晚年期望的那样，尽早给语文教学建立起一个较为周密的体系来。

我对语文教育毫无研究，所以只能说说在整理父亲的遗作时想到的一些极其粗浅的意思。没料到黄初同志听了大加赞许，甚至把我看作同道。他告诉我说：前清末年废科举办学校，开始实行分科教学，语文才成为独立的科目。九十年来，别的科目虽然也有所变化，大体上还是照搬外国的体系，唯独语文一科，传统的包袱最沉重，因而论争最多，变化也最频繁。他说他和李杏保同志正在研究这一段历史，从广泛搜集资料入手，已经取得了一定的成绩，选编了一部新中国建立以前的语文教育论集，希望我给这部论集写一篇序。我说，这怎么成呢？我在发言中说要研究历史，正因为我缺乏这方面的常识，又很想知道。要我写序，怎么说我也不够格。黄初同志说这不妨事，只要把我方才的发言写下来，强调一下研究历史的必要性就可以了。黄初同志把要求降得这么低，我不好再推辞，于是说了句活络话：等这部论集发排了，让我看一遍初校样，到时候再说吧。

一个星期前，论集的初校样寄到了，厚厚的一大叠，黄初同志用的快递。看来序是非写不可了，而且得马上动手。我翻开校样从头读起，先读这部论集的《导论》。

《导论》是黄初同志和杏保同志两位合写的，分四个部分，共一万八千多字。第一部分概括地交代了语文独立设科以前的教学状况。两位编者抨击了禁锢思想的读经和科举，但并不抹煞少数有见地的教育家，也给后世留下了可供借鉴的经验和理论。第二部分全面地介绍语文学科在新中国建立以前的历史进程。两位编者根据教育目的和教材内容的演变，以及教学方法的改进，把这四十多年划分为“独立设科”“体系建设”“探索前进”三个阶段。为了叙说方便，为了脉络分明，划分阶段当然是必要的。他们这样划分，看来也是妥当的，符合语文科本身的发展历程。只是名称似乎还可以商榷，因为新中国建立以后，语文科的体系还有过几次较大的变动，恐怕今后还是个必须继续探讨的课题。第三部分，两位编者分五个方面，进一步介绍语文科在这四十多年中的基本“发展轨迹”。他们以“分”和“合”的观点，阐述了教授白话文和教授文言文的论争，思想品德教育在语文科中应占地位的论争，知识教学与语文科的关系的论争，以及教授方法和学习方法的改革，教学实践和理论研究的相互促进。这五个方面，实际上说的是语文科的教学内涵和学以致用的问题，无疑是这篇《导论》的重点所在，也是两位编者多年来的研究成果。最后的第四部分强调了历史研究的重要性和必要性，两位编者说出了我去年在发言中要说而没说清楚的意思。

这篇《导论》内容扎实，叙说有条有理，其实就是一篇出色的序，已经给读者指明阅读这部论集的理路。再要我写序，我还有什么可以说的呢？只好写点儿读了这部论集的感想来充数了。

自废科举办学校、语文独立成科的时候起，就开始了白话文和文言文的论争。对于语文科来说，这是一场根本性的论争，是教学要不要为实用服务的论争，涉及教育思想、教材取舍、教学方法等各个方面，两位编者在《导论》中已经分别作了阐述。后来受到“五四”新文化运动的猛烈冲击，白话文在语文科中才似乎占了上风，小学课本是全部采用白话文了，因而称作“国语”；中学可仍旧称作“国文”，初中课本掺进了文言文，而且随着年级的递升，分量逐渐增多，直到把白话文全部挤掉为止，高中课本就成了清一色的文言文。这种做法无异于向人们宣告：白话文不过是入门的初阶，语文科的终极目标仍旧是文言文。白话文和文言文的论争，实质上还包含着口头语言和书面语言是分还是合的问题，包含着是否承认口头语言跟书面语言同样重要，两者都应该作为语文科的教学内容的问题。论争持续了四十多年，直到一九四九年新中国建立的前夕，在各方各面除旧布新的大气候中，语文科才得以正名，中小学的课程表上才正式出现了“语文”这个词儿。我读了这部论集，回顾这四十多年漫长的历程，深深感到语文教育改革之艰难。

以“语文”取代先前的“国语”和“国文”，应该说是一次划时代的实质性的改革，决不能看作仅仅是名称的变动或统一。所以说这次改革是划时代的，因为到这个时候才明确规定，语文科的主要目的是训练运用语言和文字的能力，包括接受的能力和表达的能力；同时说明了“语”指的口头语言，既要训练听，又要训练讲；“文”指的书面语言，既要训练读，又要训练写。听、说、读、写，四者应该并重，因为在生活、学习和工作中，哪一种能力都是必不可少的。我读了这部论集，才知道听和说也得训练的主张，在语文独立设科之初就有人提出来了。在现代生活中，需要听需要说的场合越来越多，口头语言的训练按说越发必要了，可是很难说已经受到了普遍的重视，一般的到了小学高年级，听和说就被搁置在一边了。书面语言的训练又往往侧重于作文，讲解一般是抓得很紧的，大多把课文作为训练写的范文，而忽略了理解能力和识别能力的培养；课外阅读的指导一般就顾不上了。听、说、读、写，结果主要只抓写的训练；就说写吧，似乎又出现了脱离生活和脱离口头语言的倾向。看来需要解决的问题仍旧不少，有教育思想方面的，有教材编写方面的，有教学方法方面的。有许多问题是前人早已论争过的。应该感谢两位编者选编了这样全面的一部论集，给语文教育的进一步改革提供了有益的参考。

一九九一年一月二十九日

《“星座奖”科幻小说获奖作品集》序

近几年来，科学幻想小说确乎不大景气。先是争论了一阵子，按说争论应该促进创作的繁荣，可是并不，争论终于沉寂，作品却越发寥落。看来这场争论，本身就有点儿问题了。问题在哪儿，我看不必深究，目前最要紧的是鼓励创作，别让科普文艺园地的这一枝花无声无息地枯萎。所以中国科普作家协会、文化部少儿司和十四种少年儿童报刊，联合举办了首届全国科学幻想小说“星座奖”征文。我是非常赞同的，而且付诸行动，应邀参加了评选委员会的工作。现在新蕾出版社把获奖作品辑成集子出版，要我写几句话，我也愉快地承诺了。

我就说说评选工作。“科学幻想小说”是由三个词儿组合成的，我想，这三个词儿应该是评选作品的立足点。我的想法大致没有错，各位评委正是就这三个方面来评选作品的，但是不免有所侧重。有的对“科学”扣得比较紧，侧重于科学依据是否可靠，科学知识是否全面等等。有的对“幻想”扣得比较紧，侧重于构思是否新颖，情节是否离奇等等。有的对“小说”扣得比较紧，侧重于是否符合小说的创作原则，是否担起了小说应负的使命等等。侧重并非固执一端而排斥其馀。各人有所侧重，正好互为补充，所以评选进行得很顺利。再说看法不尽一致，本来是极其正常的，如果完全相同，那么一个人就可以定局，也用不着组织什么评委会了。

评选最后采取投票表决的办法，得票多的作品获奖，等次以票数的多少排定，这些都不用细说。我可以告诉各位，所有的获奖作品，没有一篇是以全票通过的，而且票数还相差得比较多。这说明了什么呢？一方面说明，经过了反复的讨论，评委们的看法虽然有所接近，分歧并没有完全消除。另一方面说明，每一篇作品从总体上说都有长处，所以能获奖，但是从某一角度来要求，确实还存在着这样那样的不足，所以都没得到全票。不管怎么说，这本获奖作品集还是显示了当前科学幻想小说的创作水平和创作倾向的。

作品获了奖，当然还是可以评论的；而且我想，作者一定是欢迎评论的。读者都有评论的权利，都可以跟我们评委一个样，根据自己的看法来评论作品，指出各篇作品的优点和缺点。不过我又想，评论的效果应该是积极的，应该能够帮助和鼓励科学幻想小说的创作走向繁荣。对作品的优点，即使是很小的优点，也要恰如其分地给以肯定。对于缺点倒要从大处着眼，不要铢两悉称，求全责备，更不要以局部的缺点对作品作全面的否定，甚至波及所有的科学幻想小说。

一九九一年八月十日

《编辑出版家叶圣陶》代序

——给作者的一封信

登明同志：

看邮戳，来信是七月二十八日付邮的，八月二日到达北京，信是寄到出版社的。我自一九八二年起就不去出版社上班了，所以耽搁到九月五日，才看到您的信。您一定等得着急了，很对不起。

我父亲一九二三年春天进商务印书馆正式当编辑，在此之前，已经编过刊物《诗》；如果算上当小学教员时代编的自用课本，当中学生时代编的校内刊物，时间还得往前推。在商务工作到一九三〇年底，除了编过《小说月报》、《妇女杂志》、中小学国文国语课本、学生国学丛书，在业馀还担负文学研究会的书刊的编辑工作，大革命前编过济难会的《光明》半月刊，五卅运动中编过《公理日报》。一九三一年进开明书店，主要编《中学生》杂志，也参与其他图书期刊的编辑工作，还编了好几部国文课本和国语课本。抗战初期离开开明去教书，业馀参加了几种刊物的编辑工作。一九四二年，开明在成都设立编辑部办事处，由我父亲主持工作，除了主编《中学生》，其他的图书刊物他也管，还帮助几家小书店编书编刊物。一九四九年年初，父亲离开开明北上，到"文革"开始，一直主持中小学课本(不限于语文一科)的编辑出版工作。先担任华北人民政府教科书编审委员会主任；新中国成立后，担任出版总署副署长，人民教育出版社社长兼总编辑，后来担任教育部副部长，工作重点仍在人教社。在此期间，还给别的机关和别的出版社审读过不少书稿。"文革"后，好几家出版社杂志社还找上门来，父亲几乎有求必应，还为他们做了不少工作。最后审阅的可能是《周恩来统一战线文选》的注释，那是一九八四年十月的事，父亲正好九十岁。这样算起来，我父亲从事编辑出版工作前后长达六十馀年；到底有多少种报刊、图书、课本经过他的手(他是事必躬亲的)，实在难以统计。

研究我父亲的一生，按说编辑出版工作是一个重要方面。现在看到的大多是回忆性质的文章，大多说他如何认真，如何为读者着想，如何尊重作者帮助作者等等(也有互相矛盾的，如有人说他从不改动作者的文字，也有人说他改得非常仔细，一个标点也不放过)。对于培训编辑人员，还未见到有谁写过文章，其实他也花了不少力气。至于全面论述我父亲的编辑工作和编辑思想的文章，我至今还未看到，恐怕实在难写。

从总体来说，我父亲的编辑思想跟他的教育观点、文学观点是一致的，主要在于推进社会的改革。他认为出版工作是教育工作(不限于学校教学)的一个重要组成部分，在实践中，他就是把编辑工作(不限于课本的编辑)作为教育工作来做的。这样概括，大致不会错，可是写研究文章不能光凭印象，得通过他的实践来抽出结论，还得阐述他的思想是从哪里来的，发展的进程又如何。要这样做，只看他论说编辑出版工作的文字(包括一部分书评和序跋，篇数不算太多)是不够的，还要广泛阅读他编的各种报刊、图书、课本，分量就太大了，年代久远的还很难找。所以我想，研究的题目不妨尽量缩小，或者限定范围，或者划定时期，等各方面都研究得差不多了，再综合起来作全面的研究。

举例来说，一九二七年大革命失败后，郑振铎先生去欧洲游学，我父亲代他编《小说月报》约一年半(父亲回忆说两年，是记错了)。研究他在此期间是怎么编《小说月报》的，范围就缩小了，时间就缩短了，材料比较容易找到，研究起来就容易得多。(但是得注意两点。一、刊物是有连贯性的，父亲接手的时候，还有郑先生留下的稿件；交还郑先生的时候，又把一批稿件留给了郑先生。二、由于大革命时期的动荡，《小说月报》脱期比较严重，因而有七月中写的稿子刊登在五月号上的现象。)又如我父亲一生编了二十来部语文课本，他不断进行革新，直到去世前，还为没有能使语文教学形成一个科学的体系而感到遗憾。如果能把他编的语文课本全部收集起来(可不容易办到，一般的图书馆不收藏课本)，一一作比较研究，找出一个脉络来，也是很有意义而且非常有趣的。这是单取一个方面，可是时间的跨度比较长，恐怕不大好办。

我没法给您提供资料，因为我手头也没有资料。几年来编《叶圣陶集》就非常困难，到处去信请人帮忙收集材料。我计划在《叶圣陶集》中要有一卷专收有关编辑出版工作的文章，可是至今还没有收集到几篇。父亲发表在报刊上的有关编辑出版的文章本来不多，给出版社的信件倒不少，在“文革”中，许多出版社的档案都毁了，连人教社也是如此，甚至更彻底。“文革”后，父亲还帮许多机关和出版社杂志社审读过稿子，意见大多批在稿件上，也不容易找。所以我看，您只能迁就现实，从能找到的材料中寻求可以研究的题目。如果笼统地说要研究我父亲的编辑出版工作，恐怕只能泛泛而谈，没法深入了。

信写得太长了，就此打住。祝工作顺利。

叶至善

一九九一年九月十日

《学龄前儿童的十万个为什么》前言

没有一个孩子不是好奇的，他们常常提出各种各样的问题：这是什么？那是什么？这是怎么回事？那是怎么回事？为什么会这样？为什么会那样？常常问得家长难以回答，老师也难以回答。我们想应该给家长和老师编一部书，帮助他们回答孩子们提出的各种各样的问题。这部书不是给孩子们读的，才进幼儿园的孩子还不识字哩，小学低年级的孩子识字也不多。他们提出的问题如果这部书中有，家长和老师就可以参考书中的答案来回答他们。

这套书原名《答学前儿童问——学前儿童的十万个为什么》，陆续出版了五本，回答了两千来个问题。问题都是从孩子们那儿收集来的。我们写答案力求准确、明白、生动，希望做到只要照着念，孩子们听了就能懂得。现在我们把这五本书整理了一遍，修订、改编成七个分册，书名改为：《学龄前儿童的十万个为什么——答学前儿童问》重新出版。所以这样做，一是为了便于查找，把问题归了归类：第一本，关于数学和化学的；第二本，关于物理的；第三本，关于天文、气象和地理的；第四本，关于动物的；第五本，关于植物的；第六本，关于卫生和健康的；第七本，关于生活常识的。二是采纳家长和老师意见，做了一些增删和修改，还是力求准确、明白、生动。

我们知道，这部书是编不完的，孩子们提起问题来总是没完没了，何止两千来个，问到后来，还常常把人难住。被孩子们难住了怎么办呢？可以老老实实跟他们说："你问的我也回答不出，咱们一同来研究吧！"有些问题，凭孩子们目前的知识水平和理解能力是讲不清楚的，可以跟他们说："你好好学习，知识多了，就会明白的。"有些问题甚至目前还没有答案，还在研究之中，探索之中，那就跟他们说："这个问题现在还没有人能回答。你把它记在心里，将来自己去回答吧。"爱提问题是孩子们最大的优点。咱们即使回答不出，也不要扫他们的兴，损伤他们的求知欲。咱们应该鼓励他们提问题，让他们把这个优点一直保持下去，永远保持下去。

孩子是千差万别的，不要看他们年纪小，生活经验和爱好已经各不相同；即使提出来的是同一个问题，因为场合不同，动机也不可能相同。家长和老师在回答的时候要考虑到这个因素，针对他们的动机，把这部书中的答案作适当的变动，使他们得到满足。如果条件可能的话，最好引导孩子去观察，去试验，使他们从小养成有了问题就自己去寻找答案的勇气、兴趣和习惯。

为了把孩子们培养成胜过咱们的一代新人，我们恳切请求各位家长、各位老师跟我们密切合作。

一九九三年四月

《英才荟萃》序

这是《作文通讯》纪念创刊十周年的又一本习作选集。

听编者说，《作文通讯》是由十三所重点中学联合创办的。所以这本选集的三十九位作者，当年分别是这十三所中学的学生。看了对作者的简介，可以知道他们现在都不是中学生了，有的正在大专院校或研究部门继续深造，有的已经走上了工作岗位。

简介每篇只二百来字，很值得合在一起读一读。简介告诉我们，这三十九位作者在中学时代不但文章写得好，各门功课的成绩都很不错，并没有因为自己有点儿文学方面的才能，就沾沾自喜而荒废了其他的学业。他们都热爱知识，兴趣广泛，不论课内的课外的，凡是能够学到的都毫不放松地认真去学。他们还注意锻炼体魄，热心群众工作。六年的中学生活，使他们得到了全面的发展，包括观察的敏锐和思路的清晰。读了他们当时的习作，谁都会感到这些青年人一个个都蓬勃向上，都热爱生活，都怀有执着的追求。

出了中学的大门，三十九位作者走的是各不相同的路。走向文学方面的自然多一些，他们成了记者、编辑、作家，有的从事研究工作或其他文艺工作。但是也有不少走向了教育方面、工农业方面、商业方面、政法方面、科学技术方面。不管走上了哪一条路，这三十九位作者都没有改变对文学的爱好。从简介所列举的作品来看，随着生活体验的拓宽和深入，他们的创作正在一步一步地迈向新的高度。这也并非偶然，因为在中学时代，他们已经打下了比较坚实的文学基础。

听编者说，这本选集所收的习作都曾经在头十年的《作文通讯》上发表过。三十九位作者都为自己的习作再次发表写了小序。小序的内容各不相同犹如其形式，有的侧重于谈自己的体会，有的侧重于谈自己的抱负。可是有一点几乎是相同的，作者都怀念他们在中学时代的生活，记下了初步跨入文学领域的喜悦心情。他们跟感谢自己的老师一个样，感谢《作文通讯》曾经给予他们的鼓励和指点。恰如其分的鼓励，具有针对性的指点，对于正在成长的中学生来说是必不可少的，不限于在文学方面。这样的鼓励和指点，日积月累，很可能对他们的一生产生决定性的影响，不仅在于作文，重要的在于做人。编者把这本习作选集题名为《英才荟萃》，是不是暗示这一层用意呢？

祝愿《作文通讯》越办越好，到二十周年的时候，再编一本更加充实的《英才荟萃》。

一九九三年七月

《绞刑架下的报告》前言

七月初，中国青年出版社跟我约定，要我给新版本的《绞刑架下的报告》写一篇《前言》，我当时竟贸贸然答应了。前几天——七月十二日傍晚，中青社送来全部的校样，我放下手头正在编的父亲的又一本选集，立刻翻开校样来读。没想到才读完头两面，我就傻了眼，伏契克夫人那篇才六百来字的说明，就是一篇极好的《前言》，读者想要知道的和必需知道的一切，她全都交代明白了。前面的五段，有三段竟然只有一句话，其馀两段都只有两句，说的是伏契克被德国纳粹处死的消息得到了证实，语气平静得出奇，没有悲伤，也没有颂扬。最后一段比较长，短短的话也没说满十句，把“报告”手稿的来历讲得一清二楚，语气还是那般平静。

伏契克在“报告”中劝慰亲友和同志不要怜悯他。他说：“我为欢乐而生，为欢乐而死。在我的坟墓前安放上悲哀的安琪儿，那是不公正的。”伏契克夫人确实不是一个“悲哀的安琪儿”。我不知她在写这篇说明的当时是否噙着泪花，只觉着她的每一句话都是从心底爆出来的，一句又一句震撼着我的心。我认为只有这样的文字，才配得上伏契克的最后“报告”，才配得上称作《绞刑架下的报告》的《前言》。

让我另写一篇《前言》，看来是完全没有必要了。再说，把我这样不伦不类的文字排在头里，岂不玷污了伏契克的原著，应了“佛头着粪”的讥评。可是我已经作出了承诺，赖账总是不太好的。再说，让一个中国的普通读者如我，说一说自己对伏契克的钦慕，这个机遇还不该放过。我就放大胆子畅所欲言吧。读者如果感到厌烦，只管抛在一边，不再往下看，因为我写的决不是非读不可的正经《前言》。

五个月前，二月七日，我在报上看到捷克重新全文出版伏契克的“报告”的消息，激动得什么事儿也干不成了；夜里躺在床上竟不能入睡，索性起来扭亮电灯，给中青社的同志写了封信。我说我相信他们已经注意到刊登在报上的这条新闻了。中青社在五十年代初期就出版了伏契克的这本书，书名记得是《绞索套着脖子时候的报告》，在青年读者中产生的影响，不亚于《钢铁是怎样炼成的》；青年艺术剧院还改编成话剧演出过，从报刊的评论看，改编和演出都是成功的。“文革”以后，中青社重新开张，打算重印一批过去的出版物，当时，我特地推荐了伏契克的这本“报告”，不知什么缘故没被采纳。现在得抓紧了，要尽快设法得到这个新版本，尽快组织力量翻译出版，好让没有读过、甚至无缘知道这本“报告”的青年读者，能够早日读到这本“报告”；也让怀念这本“报告”而未曾见过全貌的像我这样的老年读者，能早日读到这个新的版本。

我简直在发号施令了。但是我相信，中青社的同志只要知道了原委，一定会理解我的。我说，伏契克的“报告”，我读过不下十遍，在翻译作品中，反复读了这么多遍的，在我是唯一的一种。伏契克在死囚牢里写自己和同志跟法西斯作面对面的斗争，写得那样鼓舞人心而又充满了诗意，使我敬佩得五体投地。他坚定、乐观、从容、机警、敏慧，还常常带点儿俏皮，蔑视敌人的俏皮。斗争当然是针锋相对的，他并不剑拔弩张，没用一句口号，却游刃有馀地刺穿了法西斯色厉内荏的心态。我说我还记得这本“报告”的结束语：“人们，我是爱你们的，你们可要警惕啊!”套在脖子上的绞索终于勒紧了，他给后人留下了这样一句语重心长的叮咛。

在信上，我只顾说自己的感受，忘了提到伏契克的这本“报告”一出版，就使全世界爱好和平的人民受到了极大鼓舞，也没提到这本“报告”曾获得世界保卫和平大会的最高荣誉奖章。我分明记得，奖章正面刻的伏契克的侧面头像，是个英俊的年轻人，脸上带着可亲而无所畏惧的微笑。一九五七年夏天在莫斯科举办的青年联欢节上，我看到捷克青年们的胸前都佩着伏契克的像章——那座荣誉奖章的具体而微的精致的复制品。我多么希望自己也有这样一枚庄严的像章呀。在联欢节上，要求交换纪念品是不会遭到拒绝的，可是我不愿意这样做。反法西斯战士的像章，以交换得之，不是太轻率了吗？轻率得近乎亵渎。当时我为什么这样想，自己也感到有点儿离奇，在给中青社同志的信上就一句也没提。

时间又过去了近三十个年头。一九八四年深秋，我参加全国政协的代表团去捷克斯洛伐克访问，在布拉格瞻仰了伏契克纪念馆，还替青年艺术剧院送去了话剧《绞刑架下的报告》的打印本和一套演出的剧照；真可以说是珍贵文物了，经过十年动乱居然能保存下来，足以表达咱们中国人民对伏契克的深深的敬意。在伏契克的半身雕像面前，我像个朝圣者，默念了他提醒后人必需警惕的最后叮咛。纪念馆并不大，只两间屋子，展品大部分陈列在贴墙的玻璃橱里。我看到了留着一把大胡子的伏契克的照片，和善的眼睛闪烁着机敏的目光；看到了复制的《绞刑架下的报告》的手稿，大大小小的发黄的纸片上，密密麻麻地写满了行款分明的铅笔字。在陈列各种文字译本的那面墙上，我找到了中青社当年出版的《绞索套着脖子时候的报告》，是装帧简陋的普及本，可见当时这本书的行销量有多么大。

在往后的日子里，我得知伏契克在那场狂风暴雨中遭到了莫须有的诬蔑，心想那座我曾经流连过的纪念馆大概也不复存在了。但是又想，要把这样的一位反法西斯战士从人们的心中抹去，是无论如何办不到的。《绞刑架下的报告》在捷克全文重新出版，证实了我的信念没有落空，教我怎能不兴奋得连觉也睡不着呢。真个是思绪万千哪，一时很难梳理清楚，直写了一个通宵，才把这封短短的信写完，马上派家里人送到了中青社。

兴奋还没有完哩，才过了三天，中青社的同志给我来电话，说决定接受我的建议，已经跟捷克驻华大使馆取得联系，等书一到手立刻组织翻译。在今日的出版界，对出版一本书答应得如此爽利快捷，我还是头一回遇到。如今校样已经在我手头，又使我兴奋得不知怎么说才好。只希望九月八日之前，这本书能跟咱们中国的广大读者见面。一九四三年的九月八日，是伏契克跟法西斯作斗争的最后日子。整整的五十二年过去了，伏契克的业绩和精神依然长存。《绞刑架下的报告》的新版本在咱们中国能以这样高的速度出版，又给增添了一个新的铁证。

一九九五年七月十六日

《爱的教育》七十年

中国工人出版社打算重印夏丏尊先生译的《爱的教育》，根据开明书店的老版本，保留丰子恺先生的全部插图。出版社听说我是夏先生的女婿，又在开明书店当过编辑，特地派人来看我，希望我为这次重印随便写些什么。我说我已经写过一篇了，题目是《挖池塘的比喻》。那是一九八〇年的事，为《爱的教育》的一种新译本写的；现在再写，恐怕仍旧是那几句话。他们说不妨事，如果抽不出时间来重写，就在先前的那一篇上作些必要的改动就可以了。他们如此随和，毫不强人所难，倒叫我不好意思回绝了，答应就照他们说的办。送走了客人，我把这篇旧作翻了出来边抄边改，后边几段竟改得面目全非了，只好索性把题目改了，以示区别。话休絮烦，下面就是正文。

《爱的教育》是一九二三年介绍到我国来的，在《东方杂志》上连载。《东方杂志》是一种供成年人阅读的综合性月刊。一九二六年，开明书店创办，才出版了有丰先生插图的《爱的教育》单行本，作为《世界少年文学丛刊》的一种。夏先生在《译者序言》中说：他一九二〇年得到了这部小说的日文译本，当时一边读一边流泪。他说他把自己为人、为师、为父的态度跟小说里写的相比，惭愧得流下了眼泪；又说小说固然是虚构的，但是他觉得人世间要像小说里写的那样才好，又感动得流下了眼泪：因而许下心愿，一定要把这部小说译出来，不光为了给孩子们读，还要介绍给孩子们的家长和教师读，让所有当父母的、当教师的，都跟他一个样，也流一些惭愧的眼泪和感动的眼泪。他甚至认为，这样做比让孩子们自己读更加切要。如此看来，他把译文先交给当时颇有影响的《东方杂志》发表，不是没有缘故的。

在《译者序言》里，夏先生把办学校比做挖池塘。他说，自前清末年创办学校以来，老在制度上、方法上变来变去，好像挖池塘，有人说方的好，有人说圆的好，不断地改来改去；而池塘要成为池塘必需有水，这个最关键的问题反而没有人注意。他认为办好学校的关键在于感情，必需有爱；而当时的学校，所短缺的正是感情和爱，任凭是方的还是圆的，都成了没有水的池塘，一个个干涸的土坑。夏先生给这部小说的评价很高，说作者写出了理想的教育境界，就是把学校、家庭、社会，都建立在感情的基础上，爱的基础上。小说原名《心》，夏先生嫌这个书名不醒豁，不能表明内容，先想改成《感情教育》，最后决定用《爱的教育》。

《爱的教育》的单行本一出版，就受到了教育界的重视和欢迎，可以说超过了任何一种《教育学》和《教育概论》。夏先生在教育界的声望和他对这部小说的推崇固然起了作用，还有个更重要的原因，当时有许多青年教师迫切要求冲破封建主义教育的束缚，而这部小说，正好给他们提供了一个可以仿效的模型。好些中学小学把《爱的教育》定为学生必读的课外书，好些教师认真按照小说中写的来教育自己的学生。我上的那所小学就是这样做的，所有的教师都劲头十足；有一位王志成先生还逐日作教育笔记，后来经过整理，写成一本《爱的教育实施记》，一九三〇年由开明书店出版。

我也当过一年半中学教师。已经是抗日战争后期了，在内地的中学和小学里，体罚仍旧盛行。打手心用细竹鞭，老师一竹鞭下去，学生的手掌上立时肿起一条杠来；当家长的从来没提出过非议，看来毫不心疼。有一回开学，一个长袍马褂的胖子像押囚犯似的把儿子拖进教师休息室，一屁股坐在我的椅子上，指着站在一旁垂下脑袋的儿子呵斥说：“龟儿子再不学好，给我着实往死里打!”他连看也没看我一眼，话可分明是冲着我来的。“教不严，师之惰”，《三字经》上写得明明白白，而我偏要往池塘里灌水，暗地里让学生们读《爱的教育》。这股子傻劲，回想起来实在有点儿可笑，可是当时真个抱着扭转局面的希望和雄心。

《爱的教育》曾经这样受欢迎，也产生过不小的影响，为什么全国一解放就停止再版了呢？批判是没有的事，也没有受到过谁的暗示，停止再版是开明书店自己作出的决定，而且不光是《爱的教育》一种。当时紧跟着欢欣鼓舞迎接解放的高潮，马上掀起了争相学习社会主义的高潮，人们如饥似渴地阅读新的理论和新的知识。在这个大气候里，解放前出版的图书十之八九几乎无人问津，如果盲目地继续再版，印出来卖给谁呢？对将本就利的老出版业来说，包括商务、中华，这个现实问题是不能不考虑的。

也许有人会问："你跟《爱的教育》关系如此之深，骤然停印，难道不感到惋惜吗？"说老实话，我非但不惋惜，反而认为是理所当然的。那时我想，咱们要建设的是一个崭新的社会主义国家，一切旧的观念都必须抛弃；什么感情教育，不过是小资产阶级知识分子的空想罢了，当然也在抛弃之列。我那时就这样幼稚，幼稚得跟"文化大革命"初期的"小将"没有多大差别。但是静下心来从另一方面想一想，有了感情和爱，是否一定能把学校办好？答案恐怕是否定的。培养什么样的人，才是教育的根本问题。夏先生所作的挖池塘的比喻，看来并不确切。可是有一点，让他给说着了：如果不讲感情不讲爱，学校一定办不好。我所以敢如此肯定，因为在"文化大革命"那十年中，已经被迫作了全国规模的试验，七斗八斗，斗得教育濒临解体，试验的结果是令人十分痛心的。

也许正因为这样，许多上了年纪的人不由得怀念起《爱的教育》来，他们给出版社写信，陈述自己当年受过的感动，建议把这部小说列入选题。停印了整整三十年的《爱的教育》，终于复活了，又出现在书店的架子上。十多年来至少有五种版本，印数加在一起，可能已经超过了解放前开明的独家经营。受欢迎的程度不减当年而情形有所不同：没听说有哪位教师在照本"实施"，也没在报刊上公布的学生"必读书目"中出现过。我想这样才好。《爱的教育》确实是一部难得的供孩子们阅读的好小说，有好些发人深省的章节值得细细咀嚼，可写的究竟是意大利建国初期的现实和理想，如果亦步亦趋地拿来当作样板，那就过了头了。

一九九七年七月九日

《迟叔昌科普作品集》序

——惆怅的往事

实在很渺茫了。

农村社会主义高潮的初期，我被暂时调离《中学生》，去赶编供农业社用的语文课文和算术课本；《中学生》由刘重管着。有一天，刘重给我一叠有关科学方面的来稿，要我看看该不该退。其中有一篇署名“迟叔昌”。我跟叔昌相识，是从这篇稿子开的头。

严格地说，这不能算一篇稿子，写在案头日历废页的背面，总共十来页，每页多的百把字，少的二三十字，写得龙飞凤舞，句子也不太连贯。可是有两点让我给看中了：一是说牲畜的个儿越大，消耗的饲料越少；一是说牲畜的体重是按立方增长的，而骨骼能承受的体重只按平方增长。我于是把叔昌的原稿当作提纲，按他的思路，敷衍成了《割掉鼻子的大象》，交还给刘重。刘重给发表了，在署名“迟叔昌”的后边，加上了我的笔名“于止”。我说这样做不行，刘重说这样才公平。反正刊物已经发行，争论也无济于事了。从这件事可以看出来，刘重对工作对朋友，都是非常真诚的。这位好心人后来在“文革”中，竟不知怎么地失踪了。

《割掉鼻子的大象》发表，也许触发了叔昌写科幻故事的兴致。稿子一篇接着一篇寄来，不再是提纲式的了，写在正经的稿纸上，依然龙飞凤舞。《3号游泳选手的秘密》，《起死回生的手杖》……科学的依据往往不采自教科书，然而说得通的；故事有吸引少年读者往下读的悬念；文字又有他独特的幽默和风趣。要说毛病，似乎他书写的速度跟不上思想的跳跃，因而经常有脱头落襻的地方，我得帮他串起来，如此而已。

叔昌的科幻故事在《中学生》发了一篇又一篇，俩人的通信往来也自然逐渐频繁。我还特地去天津看过他一回，就为的他寄来了一篇《电脑》。初次见面，谈话很融洽。我说这篇东西很有意思，我也想过这个题目，因而觉得在哪儿哪儿还可以充实一些，把主题烘托得更加鲜明。他说既然这样，就由我来补写吧，可是得跟“大象”一样，发表的时候也署上我的笔名。他说得很恳切，我答应照办。还告诉他，画插图的人已经约定，是《中国少年报》的沈培；他说他看过沈培的画，一定错不了。这篇《电脑》在《中学生》上发表之后，我又重新“包装”，改写了全部小标题，把题目也改成了《没头脑和电脑的故事》，跟《割掉鼻子的大象》合在一起，出了本小册子。叔昌大概很满意，赶到北京来，邀我和沈培去东安市场的起士林，有说有笑地吃了一客西餐。他和沈培也从此成了好朋友，从诙谐的性格说，他们俩更接近。

最使我吃惊的是，不久之后接到叔昌寄来的一本稿子，连插图和彩色封面也齐了，都是他自己画好的，那就是科学童话集《乌鸦老博士和金钥匙》。我连忙读了一遍，七篇童话虽然参差不齐，总体上看不错，孩子会喜欢读的，还可能多少受到点启发。文字、插图、封面都出自一人之手的儿童读物，国外是有过的，在国内不要说当时，恐怕直到如今还没有第二本。当时我作了些儿加工整理，就立即发稿了。没想到出版之后没听到半句称赞的话，评头品足的倒有的是；我只做没听见，学鸵鸟的样把脑袋埋在了沙堆里。

可是躲过了初一躲不过十五，接着是五七年的反右，刘重被戴上了帽子，当然不止他一个；后来帽子脱了，他还是抬不起头来。再接着是五八年的业务思想批判，给没戴帽子的资产阶级知识分子补课。我理所当然的成了重点对象，批判我脱离政治，脱离实际，脱离群众，光知道鼓吹知识的趣味。按当时的逻辑，趣味一定是低级的，一定是资产阶级的，连起来说就是资产阶级低级趣味。我编的书发的稿，都成了批判我的材料，《割掉鼻子的大象》和《乌鸦老博士和金钥匙》成了典型。由此而牵涉到叔昌，说他油腔滑调，给新社会抹黑，连穿西装吃西餐也没放过。又说我赏识和结交的都是他那样的作者，应了“物以类聚”这句古话。好吧，我就接受批判，打定主意今后不再跟任何作者有任何交往，免得作者受我牵累，成了氽在一条浜里的烂木头。

叔昌当然不知道我为什么不再给他去信，总以为我太忙。等我收到了《大鲸牧场》的样书，他才觉着有点儿不对头了。因为俩人早就说妥，这本科幻故事集由俩人一同署名的；而且压轴的那篇《科学怪人的奇想》，确是俩人商商量量一同写成的。可是在这本《大鲸牧场》上，他没找到我的笔名，封面上没有，书脊上没有，扉页上没有，版权页上也没有。他立刻来信问我是怎么回事。我恪守自己定下的规矩，仍旧没给他回信。叔昌跟我的文字缘，就这样被我一刀斩断了。此后他写了稿子，不再给我寄来了。

直到“文革”以后，才听说叔昌去了日本，后来又听说他入了日本籍，在索尼公司工作；消息是沈培传来的，都语焉不详。又听说他到过北京好几回，只有两回打电话邀我去旅馆看他，有一回还扰了他一顿自助餐。隔了这么多年，他风度依旧，却觉得很生疏，没有什么可谈的。他送了我一本《割掉鼻子的大象》的日译本，又说他忙得很，干的是业务性的文字工作，没工夫再写过去那样的玩意儿了，这就更没有可谈的了。今年初春，突然听说他患癌症过世了。往事已经茫然，追忆徒增惆怅。我总觉得对不住他，唉，这有什么办法呢？连请他原谅也办不到了。

一九九七年十二月十三日

《贾祖璋全集》序

最早在商务印书馆，贾祖璋先生就是我父亲的同事。父亲在编辑部，编课本和期刊；贾先生在标本仪器部，管成品检查，有自学的条件，又有写文章的空闲，大概为了约稿，父亲跟他相识了。我是个初中生，在路上碰见就站定鞠躬，叫声“贾先生”，把他当作陌生的老师。

先是父亲花十来块钱，买了架很起码的天文望远镜，带着我一起玩儿。我说有了望远镜，月亮上的山都看得清清楚楚；可是近处的小东西还是看不见，最好再买一架显微镜。父亲被我说动了，看看陈列在洋行的玻璃柜里的，标价都好几百块，父亲就拖贾先生觅一架便宜些儿的。才一个星期，贾先生提了个小木箱来找我父亲了。打开木箱一看，外观粗糙笨拙，比洋行里的差远了。贾先生讷讷地说：“镜架是商务自己配的，便宜多了，定价只一百元，同人要买还可以打个九五折。显微镜的好坏全在于镜头，镜头是从德国蔡司直接进口的，错不了。”我心里不免有点儿嘀咕：贾先生呀贾先生，你真是个老实人。我父亲不过玩玩而已，又不开诊所行医，用得上这样精致的仪器吗？父亲却谢了又谢，留下了显微镜付清了钱。待贾先生一走，就要我做张片子给他瞧瞧。记得头一次观察的是大葱的表皮细胞。

一九三一年，我父亲进了开明书店编《中学生》杂志。第二年一月廿八夜里，爆发了淞沪战争。商务的编译所和工厂都被毁于日寇的炮火；停战后，编辑部大大收缩，期刊好像砍剩了一种；工厂除了排印装订，其他都停办了；有一二十位职工就进了开明书店，贾先生也是一位。我才知道他原是夏丏尊先生在杭州的学生；他的《鸟与文学》开头有夏先生写的序，说这本书取材构思都不差，着实鼓励了一番，要他继续为青年读者写这样有趣的知识小品。那几年，贾先生笔耕不辍，在《中学生》和一些文学刊物上不断发表作品，集子出了好几种，还完成了一件大工程，编绘了一部《中国植物图鉴》。夏先生的家那时是他们那班杭州老同学聚会的场所，可是我从没在夏先生家里遇见过贾先生，是生性拘谨还是珍惜寸阴呢？恐怕兼而有之吧。

抗日战争之初，开明计划内迁，没料到在兵荒马乱之中，已起运的书籍纸张机械被抢劫一空。撤离到汉口的部分人员纷纷向云桂川黔自谋出路。贾先生和宋云彬先生、傅彬然先生先后到了桂林，开明的老朋友胡愈之先生正好在那儿。胡先生对这几位开明的旧人说，如今流亡在后方的青年成千上万，应当先恢复出版《中学生》，好让他们有东西可看，商量下来，决定让我父亲出面，先办起《中学生》战时半月刊来。我父亲这时候已经到了四川乐山，在武汉大学教书，半月刊的时间性那么强，桂林乐山相隔如此之远，邮递又迟缓，简直无法遥控，只能答应当个挂名社长。好在桂林在当时是文化人的集中地，热心帮忙的朋友多，宋、傅、贾三位居然把“半月刊”支持了下来。直到太平洋战争爆发，日军向西南进犯，《中学生》才不得不北迁，搬到成都编辑，重庆印刷。贾先生的夫人和孩子还留在浙江沦陷区，他实在放心不下，只好暂时回到沦陷区周围的小县份教书。忽然消息传来，他夫人突然病故了；他一边上课，一边抚养三个儿子，那日子真不知怎么过的。

抗战胜利前一个月，我才进开明书店当父亲的助手。第二年春节后回到上海，开明编辑部的人员也陆续到齐了。开明的编辑部真个精简得出奇，连同全部校对才二十来人，自办的月刊四种，代理编校出版的刊物三种；往往一个人就是一个编辑室，顾均正先生是数理化编辑室，徐调孚先生是文艺编辑室，贾祖璋先生是生物编辑室。我父亲可以说是无为而治，各人编什么书可以自定选题，自行操作，每个月开个短会，各人报一下可以发排多少字，手头在进行什么工作；其实大家早晚都见面，哪儿会不知道。两种期刊，父亲是抓得很紧的，发的稿子篇篇要亲自过目，重点书如《闻一多全集》，他就跟校对人员一起看校样，此外还参加编辑几本别出心裁的国文教本。贾先生那一摊，他完全信任，我不记得他对哪一本书提过什么意见。

在编辑部，除了几位校对，数我年纪最轻，还不满三十，爱唱歌，爱打乒乓，爱看电影，老跟青年们混在一起。贾先生就住在我们家楼下，我好像从没有找他谈过什么。倒是满子看出来了，他说贾先生一个人带着三个男孩子，生活总不方便。她有个表姐三十出头了，要不要说一说看。我说说说总是可以的，得找个机会先见个面。俩人就出主意安排，拣了个日子让她表姐先到满子娘家，我带着贾先生，只说他是来向师母请安的。没想到一见就得，一拍即成，一九四七年元旦就吃了他们的喜酒。我跟贾先生就此成了连襟。他马上改口称呼我"墨轩"。这是父亲随意给我的科学小品署的笔名，贾先生却当成了我的大号。我唤"贾先生"唤了快二十年了，怎么也改不过口来。所喜的是他们夫妇俩感情特好，接连又生了两个儿子。

解放后，开明迁到了北京，在出版总署的撮合下，与"青年"合并成了公私合营中国青年出版社。贾先生真个当了自然编辑室主任，手下有了四五个助理和练习生。后来又调到科普出版社去当副总编辑，更是兵多将广了。后来我也被推上了领导岗位，当过一阵子中国少年儿童出版社社长兼总编辑，才知道领导可不是好当的，凭我这点儿水平，干得再卖力，能尽个责任编辑的责任已经不错了。因而常常想起贾先生这么个大摊子，他是怎么应付的呢？可是又不便特地找他请教。

接下来是"文化大革命"，这倒好，什么书也不用编了。我去干校，当上了放牛佬。贾先生年纪大，干校免了，却来了个"第一号命令"，限时限刻要他自谋安身之处。幸好贾先生的大公子解放时随军南下，已经在福建平和成了家，贾先生就把家从北京搬到了平和。那儿是亚热带，气候适宜于植物生长。贾先生得其所哉，栽了不少北方不常见的花草，给我父亲的信上时常提起，使他老人家在那些门可罗雀的日子里得到不少乐趣。每到冬初，贾先生总要寄一二十头肥壮的水仙给我父亲。一九七四年一月卅一日，父亲特地填了首《减字木兰花》去谢他：

投其所好，料我闲窗花信杳。赶在春前，远自平和寄水仙。

叶芽葱绿，饱绽鳞茎如古玉。伫候花开，素靥明妆结队来。

单看贾先生写给我父亲的信，这史无前例的十年，他似乎躲进了桃花源。老一辈知识分子好像都有这个脾气，越是不顺心的事儿越不愿意提，尤其对老朋友。在平和，俩老跟前有柏松夫妇照料，可下边还有一大串呢，有插队的，有进技校的，还不在一处，这个在陕西，那个在河北，一个也放心不下，按时按节都得保证后勤供应。还有个更糟心的事，满子的表姊身体越来越坏，县医院说可能肚子里长了个东西。贾先生急忙陪她到上海检查，果然是癌症。以后的消息忽好忽坏，好像故意逗人似的，最后还是没跳出这个无奈的结局。记得贾先生在那封信里附了张纸条，抄的好像是宋人的两句诗："重过阊门万事非，同来何事不同归！"可能我记错了个把字，总之说的是他独自一个人回到平和的心情。

幸亏天下到底还是喜事多。犹如雷轰电击，坏事做尽不可一世的"四人帮"，霎时间被摧垮了。文艺界总是走在欢庆行列的头里，许多被压制的影片争先恐后地在电视屏幕上跟观众见面，我们又听到了"花儿为什么这样红"那动人心弦的歌声。就在同时，我们在报纸上读到了贾先生的新作：《花儿为什么这样红》。真是好题目，好文章。花儿就应该红，红得鲜艳，红的透亮。为什么这样的红呢？因为充满了爱的心都是红的，每一颗爱党爱国的心都是红的，每一颗愿意为人民服务的心都是红的。因而贾先生这篇小品同时吹响了科学普及的号角，迎来了科普创新的新的繁荣。

杂七搭八写了三千来字，全是些寻常的生活琐事，还未必准确。自己看看，实在不像样，尤其不像为一部全集写的序。只好对不起贾先生，对不起读者诸君了。

二〇〇一年八月九日

编父亲的序跋集

父亲离开我们一年了。吴道弘叔叔和商金林同志在编辑一本纪念父亲的集子，我们在谈到父亲的编辑工作的时候，吴叔叔感慨地说："至善先生的好多编辑思想编辑经验没有留下来，真是可惜啊。"我说："装在他脑子里的他带走了，可多少还是留下了一点儿，比如他写的那些序、跋、前言、后记里，就有不少好东西呢。"吴叔叔说："咱们不妨把至善先生写的序跋编成一个集子，或许会对做编辑的同行们有点儿启发。"我听了觉得这是个好主意，就动手收集。我收集一篇看一篇，篇篇都曾看过，篇篇都如初见，亲切得好像又听到了父亲的声音。

一九八三年，父亲曾为他的父亲编过一本《叶圣陶序跋集》，在集子的最后他写了编后琐记。我觉得用父亲的这篇文章来作为他的《序跋集》的代前言，真是再合适也没有了。虽然在编这本集子的时候，我也想到了其中的一些意思，可是要让我写，我是怎么也写不了这么好这么全的。就用父亲的这篇文章来帮我解这个围吧，他在世的时候就常常帮我解围的。

我编父亲的《序跋集》分为三部分：一部分是他为自己的书写的；一部分是他为他父亲的书写的；一部分是他为别人的书写的。大体上，各部分都按写作年月的先后编排。父亲写东西，写一篇放一篇，从来不收集，序跋也是这样，尽管我努力搜寻，免不了还会有遗漏。前面有了父亲对写序跋和看序跋的题解，我好像用不着再说些什么了，可我还是忍不住，还想对每部分说点我知道的和我感受到的，但愿不是画蛇添足，让大家觉得太唠叨。

把自己交给读者

父亲常说，作为编辑，要先作者后自己，作为儿子，要先父亲后自己。他不是没有东西要写，也不是没有能力把自己要写的东西写出来，只是先别人先父亲，用去了他一辈子的时间，他没有时间给自己，出的书就只有那么可数的几本了。就是从这几本书里，也不难看出父亲兴趣的广泛，学识的渊博，思想的聪慧，语言的精美和文风的质朴。

父亲的书的序跋或是前言后记，从不请别人写，都是自己写。我想：他没有请他仰慕的前辈为他写，是不愿意为自己的事情去耗费他们的时间和心力。更重要的是，他自己有许多话要对读者说，他实在舍不得放弃这个与读者交流的好机会。

比如，他借着写《海外奇游记》的序言，向少年朋友说明了六件事：他不是这本书的作者，只是用现代口语把《镜花缘》里的故事重写了一遍；这个故事不是《镜花缘》的全部，只是其中的八到四十回。因为自己在少年时候越读越有兴趣，得到许多欢快，所以愿意重写一遍介绍给少年朋友；作者写的许多有趣的事，虽然出于想象，但都反映了那个时代的生活，都有他的目的；作者生活在一百五十年前的封建社会，他设想的美好社会是实现不了的；读这本书的方法是一边读一边想，自己思考自己分辨；最后，也就是第六件事，少年朋友看了这本书可能会不满足，会想把《镜花缘》找来读一读，在看原著的时候又会遇到一些什么样的问题……为一本给少年朋友看的不厚的书写序言，父亲像和他们谈心似的写了三千字，别说是把自己写这本书的初衷、做法和体会全盘托出，就连自己的心也给了他们。我看的书不多，这样写序言的，没有见过第二位。

又比如，他借着写《梦魇》后记——多馀的话，《竖鸡蛋和别的故事》后记——跟同道们谈心，把自己在写这些作品的时候是怎么想的，写的时候碰到过什么样的问题，自己是如何解决的，成功的地方在哪里，失败的教训是什么，都耐心细致、诚恳坦白地说给读者和同行们听，他认真地把自己完完全全地交给了读者和同行，就连自己的心也给了他们。我看的书不多，这样写后记的，也没有见过第二位。

其实不只是在序跋和前言后记里，父亲剖析自己作品的文章还有很多。比如：关于《失踪的哥哥》的自白，跟《小布头奇遇记》的奇遇……他好像每写完一篇东西或者一本书，都会回过头来审视自己，还想把自己的体会告诉给读者和同行。作为女儿，我心疼父亲，每每看到他的这些文章的时候就会想，我这个有点傻，用南方话说有点戆的爸爸，干吗要花这么多的时间，这么多的心力，来做这样的事情呢？又有多少人会在意你费心费力写下的这些文字呢？其实我很明白，父亲巴望着有人能看，哪怕只是很少的人；父亲希望有人能从中得到启发，跟他分享成功的快乐，失败的教训，哪怕只是很少的一点点。或者就是我这个做女儿的能从他的文章里看出个道道，能有所收获，他做的也值了。

为父亲奉献一生

“文化大革命”过后，出版社相继恢复了业务。有几家出版社要出版爷爷的书。那个时候爷爷已经八十多岁了，视力也越来越差。根据不同出版社的不同要求，选编爷爷集子的工作，就落到了父亲身上。我知道父亲编的最早的一本，是一九七九年由中国少年儿童出版社出版的《〈稻草人〉和其他童话》，编者署名是爷爷自己。我还知道，还有好几本署名爷爷编的书，其实是爸爸代他编的，连里面的序跋或者前言后记，也是爸爸代他写的。当然，篇篇都要和爷爷商量，篇篇都要经过爷爷的审读。而这本书第二辑里收的写作时间最早的一篇，是一九八一年爸爸写的《编父亲的散文集》；最晚的一篇，是二〇〇四年爸爸在住院前，为《老开明国文课本》写的序。

粗粗算来，在二十五年的时间里，父亲光编辑爷爷的各种图书，就有五十多本。每编一本书，他都要重新阅读和校订每一篇文章，都要根据读者对象，认认真真地写序跋或者是前言后记。比如：在《叶圣陶短篇小说集》的前言里，父亲对他选入书中的三十八篇小说，逐篇作了介绍。某一篇是在什么情况下写的，写的什么事，什么人，他在读这篇小说时引起的回忆和思考。这给读者阅读和理解爷爷的小说，提供了再好也没有的珍贵材料。又比如：在《叶圣陶童话故事集》的编者说明里，父亲说：“集子是编成了，我心里总感到不踏实。父亲的童话都是六十年以前的旧作……生长在新社会里的孩子读这些写旧时代的童话，隔膜恐怕是难免的。我于是……在每篇后边附上了几句话，有的谈我所知道的父亲在写作当时的想法，有的谈我小时候的读后感……”父亲写的前言生动亲切，让人能深切地感受到他对孩子的热爱、认真和负责。

一九八六年父亲开始编辑七百多万字的二十五卷本《叶圣陶集》，从一九八七年起每年大致发排三本，到一九九四年书出齐，一共花去了他八年的时间。《叶圣陶集》每一卷的后面，父亲都写了编后记，对这一卷的内容作了简洁和必要的介绍。他的编辑意图和编辑思想，也都显现在其中了。二〇〇一年江苏教育出版社决定重新出版《叶圣陶集》，父亲不光对每一集都进行了必要的修订，还对编后记作了修改和补充。他把第二十六卷，他写的爷爷的三十四万字的传记——《父亲长长的一生》交给编辑部之后，就倒在了病床上。这次再版，又花去了他四年多的时间。新版的书他是在医院的病床上看到的，此后不到半年，父亲就过世了。

在父亲过世后有关方面为他写的生平中有这样一段话：作为我国著名教育家、文学家、出版家叶圣陶的儿子，叶至善同志的一生几乎都在用笔墨、用语言、用实践在编写、在解读、在传承父亲叶圣陶的教育思想、编辑思想和文艺思想。他不仅花了十多年的时间编辑和修订了《叶圣陶集》，为后人研究叶圣陶留下了翔实可靠的资料，还编辑和撰写了大量有关叶圣陶先生的书籍和文章。我想：这一段话非常准确地写出了父亲为爷爷所做的一切，我已经没有什么可说的了。

这就是父亲

这本序跋集的最后一部分，是爸爸为别人的书写的序和后记。这里面大概有这么两种情形：

一些是为师友的重版书写的。比如为顾均正先生的《少年化学实验手册》；宋云彬先生的《玄武门之变》；我叔叔至诚的《没有完的赛跑》；开明书店编印的《十年》和林汉达先生的《中国历史故事集》。在这些文章里，他不仅介绍了这些书的作者，还介绍了这些书的历史背景，这些书的内容、特点和他读这些书的感想。

一些是为某些出版社编辑的书写的：比如《外国名城巡览》、《父母受尊敬的秘诀》、《英才荟萃》等等。我的印象里，每每有出版社来请父亲为一本书写序，他大多会推辞。他会对编辑说，写序不是什么不得了的大事，谁都可以写，尤其是责任编辑，在编这本书的时候总会有些想法，有些感受，总有些话想对读者说。认真清楚地写下来，就是最好的序。

他的这些话是真心话，也是他的切身感受和经验。不知道有多少编辑听了他的话，真的去实践了。那些实在推脱不掉的，他也只有写了。但是有一点，凡是他答应下来的，他绝不敷衍，绝不无原则的夸赞，也绝不说些不疼不痒的空话。他一定会认认真真地看书稿，下笔写的时候，或者向读者介绍这部书的内容，或者和读者谈他看这本书的收获和感想，让读者能从他的文章里得到有关这本书的有用的信息。这就是父亲。

最后我想说，对于一本书为什么要有序跋，要有前言后记，在编完了这本书之后，我好像才明白了一点儿。而我对父亲编辑工作的真正认识，也许才刚刚开始。

叶小沫

二〇〇七年三月二十二日　北京